„Die Kunst des Freuens"

für Dich zum 60. Geburtstag

von Tredi und Karl-Heinz

Do - Hörde, den 7. Sept. 2002

Die Kunst des Freuens
In den Wäldern des Sauerlandes

Reinhard Schober

Die Kunst des Freuens

In den Wäldern des Sauerlandes

 PODSZUN

Inhalt

Willkommen in der schwingenden Landschaft

Die waldreichen Mittelgebirge mit ihren malerischen Dörfern und Kleinstädten stellen die mit Abstand größte deutsche Landschaft dar. Sie ist typisch. Auffällig sind die vielen Quellen und Bäche und die üppige Vegetation. Hier kann man Leben und Frische tanken. Sie ist auch rau. Wind und Wetter darf man nicht fürchten.

Um so größer ist der Genuss, in einem der gemütlichen Gasthäuser einzukehren oder sich mit Wohlbehagen in einem der Mittelgebirgshotels auszustrecken.

Mittelgebirge unterscheiden sich. Die charakteristischen Höhenzüge befinden sich im Sauerland in der Minderzahl. Hier wird das Bild von einer Unzahl kleinerer und größerer Erhebungen bestimmt. Die Gruppierung hintereinander, nebeneinander und voreinander lässt Bewegung spüren. Sensibilisiert man sich für den Eindruck, scheint die Landschaft zu schwingen. Es reizt, sich wie auf Wellen des Meeres hinaufzulegen und im Geiste mitzuschwingen. Man fühlt sich leichter und leichter. Von Horizont zu Horizont ist kein Ende zu sehen, schwelgen im Überfluss.

Nennen wir das Sauerland "Die schwingende Landschaft". Eigentlich heißt es, das Land der tausend Berge (über 400 m). Die Formulierung stammt aus vergangenen Tagen und wollte vielleicht an Alpen erinnern. Eigenständiger ist, sämtliche Hügel und Berge als ein Ganzes aufzufassen. Tausend Berge, das klingt ein wenig ernst und herausfordernd. Sonst ist es nur ein Berg, der ruft.

Stellen wir uns auf das Auf- und Abschwingen ein, kommen wir der Kunst des Freuens schon etwas näher. Die Topographie sorgt dafür, dass man trotz des riesigen Waldgebiets nie in den Weiten untergeht. Beruhigende Walddämmerung wechselt nach kurzer Zeit zu hellen Waldwiesengründen. Es ist ein lockerer Wald mit ständigen Hell-Dunkel-Effekten.

Gelingt es, sich auf das heitere Panorama einzulassen, macht es weniger aus, ob es mal in Blau oder Grau getaucht ist, ob die Dinge so oder so sind: "Sauerländer Panorama-Therapie". Mit der schwingenden Landschaft als Ausgangspunkt erfolgt unsere Kunst des Freuens in drei Schritten:

- Erster Schritt: Mythos Wald verstehen
- Zweiter Schritt: Zum Freuen bereit sein
- Dritter Schritt: Einstiege in Wald finden.

6

Erster Schritt:
Mythos Wald verstehen

Mythos Wald

Germanische Baumverehrung, Märchen, Meiler und Blaue Blume

Mythos bedeutet Wort, Rede, Erzählung, Sage. Große Gefühle treten auf. Gefühle des Erhabenen, des Schönen, der Geborgenheit, des Wunderbaren, des Geheimnisses, des Schauders und des Schreckens. Urtümliche Poesie erwartet uns.

Die Welt der Riesenpflanzen lässt uns nicht neutral wie ein Maisfeld. Irgendwie ahnen wir in unserem kollektiven Unbewusstem nach C. G. Jung, dass da eine Urerfahrung ist: Wald ist Herkunft, unser Kulturmuster. Entsprechend groß war die Beunruhigung als vom Ende der siebziger Jahre bis weit in die achtziger durch Industrieemissionen und Abgase das Sterben des deutschen Waldes möglich schien. Das deutsche Wort "Waldsterben" ist international geworden.

Weltenbaum Yggdrasil

Zur Römerzeit leben zwei bis fünf Millionen Germanen in einem Urwald, der für Cäsar kein Ende zu haben scheint (De Bello Gallico). Durchzogen von Sümpfen, Mooren und Nebel macht der hercynische Wald auf den römischen Schriftsteller Tacitus einen "schaurigen" Eindruck. Die Waldverbundenheit der Germanen, über die er berichtet, ist für ihn schwer nachvollziehbar. Noch heute ist unser Verhältnis zu Wald, zu Spazierengehen und Wandern stärker ausgeprägt als bei unseren Nachbarn.

Wie sah das Leben im Wald aus? Ackerbau konnte die Vorfahren nur leidlich ernähren. Doch der Wald bot eine lebenssichernde Ressource: Viehweide, Bauholz, Energielieferant, Wild, Beeren, Honig. Noch vor 200 Jahren bestand im Sauerland die gleiche existenzielle Abhängigkeit vom Wald. Seit dem Erscheinen der Germanen in der Bronzezeit 1500 v.Chr. bis fast heute kommen fast dreieinhalb Tausend Walderfahrungen zusammen. So war auch der Ort der Mythologie wie selbstverständlich der Wald.

Laubtragende Bäume wurden bestimmten Gottheiten zugeordnet, örtlichen, Stammesgottheiten und Hauptgöttern. Besonderen freistehenden Exemplaren wurde geopfert. Man hielt Zwiesprache mit ihnen. Wer einen solchen Baum ohne Not fällte, wurde mit dem Tode bestraft. Wir wählen drei Bäume aus. Die Eiche war Donar gewidmet, dem Sohn Wotans. Seine Eigenschaften sind: Jugendlich, rotbärtig, hilfsbereit, aber auch jähzornig. Er ist der Gott von Blitz und Donner. Sein Attribut ist der Hammer, der nach jedem Wurf in die Hand zurück kehrt. Donar oder Thor wurde in den Schlachten gerne angerufen. Aber er steht auch für Landwirtschaft, Ehe, Heilkunst, Gerechtigkeit. Opferfeste ihm zu Ehren werden am "Donnerstag" gebracht.

Donar fährt über den Himmel in einem Bauernwagen. Zugtiere sind zwei Ziegenböcke, genannt Zähneknirscher und Zähneknisterer.

Bonifazius fällte in Geismar (Hessen) die Donar-Eiche, um die letzten Zweifler zu überzeugen.

Die Linde ist Freya, Donars Mutter, geweiht. Es ist der Baum der mitmenschlichen Beziehungen. Ihr Wirkungsgebiet gilt den Liebenden, siehe Tanz unter der Linde, der Familie, der Hauswirtschaft, der Gesundheit und der Gerechtigkeit, siehe Gerichtslinde.

Baum der Bäume ist die Esche, der Baum Wotans. Sie ist der Weltenbaum Yggdrasil und mit reicher bis ins Indogermanische vor 4000 Jahren reichende Symbolik ausgestattet. Yggdrasil bedeutet Wotans Pferd. Vermutet wird der Sinn, wo Wotan als Zeichen der Heimstätte sein Pferd anbindet. Die Esche ist die Weltachse, weil Wurzeln und Zweige die Reiche der Götter, der Riesen, der Zwerge, der Menschen und der Toten miteinander verbinden. Sie ragt bis in den Himmel und fungiert als stützende Säule. Unter der Esche befindet sich die Thingstätte der Götter. Die drei Nornen, Gegenwart, Vergangenheit, Zukunft bestimmen durch Stäbchenloswurf das Schicksal der Menschen. Unter einer Wurzel quillt der Brunnen Mimir, der Brunnen der Weisheit. Wotan hat daraus getrunken, musste dafür aber ein Auge geben. Neun Tage hing er sich in die Esche, um das Geheimnis der Runen zu verstehen. Deshalb war es Sitte, Opfertiere in den Baum zu hängen.

An der Wurzel leben Schlangen. Der Drache Nidhöggr steht im Streit mit dem Adler in der Höhe. Ein Eichhörnchen läuft den Stamm hinauf und hinunter und sät Zwietracht zwischen den beiden. Im Wipfel weidet die Ziege Heidrun. Ihre Euter geben Met.

Wotan – auch Odin – gilt als rastlos Er reitet auf einem achtbeinigen Schimmel und ist mit einem Eschenspeer bewaffnet. Zwei Raben begleiten ihn, genannt Gedanke und Erinnerung und zwei Wölfe. In Sturmnächten reitet Wotan durch die

Wotan mit der wilden Jagd? Warten wir ein paar Augenblicke. Wirbeldarstellung aus „Das sensible Chaos", Theodor Schwenk

Wolken an der Spitze eines Totenheeres, bestehend aus ehrenvoll Gefallenen. Das ist die wilde Jagd oder das wilde Heer. Regelmäßig erscheinen sie in den zwölf Nächten um Neujahr.

In den germanischen Urwäldern stellten Lichtungen eindrucksvolle strahlende Situationen dar. Hier wurden heilige Haine eingerichtet. In der Mitte befand sich ein schlichter Opferstein, wo den Göttern geopfert wurde, ebenso den geweihten Bäumen im Umkreis. Die Auffassung bestand, dass man Götter nicht in feste Häuser einsperren könne. Häufig wurden Pferdeopfer gebracht. Zu diesem Zweck wurde eine eigene Opferherde gehalten. Die Köpfe wurden auf den Altar gelegt und später an Dachfirsten angebracht, siehe die gekreuzten Pferdeköpfe an alten westfälischen und niedersächsischen Bauernhäusern. Das Fleisch wurde in einem Festmahl verzehrt. Nach der Christianisierung wurde das Essen von Pferdefleisch verboten, mit Erfolg erst, als ein unangenehmer Geschmack unterstellt wurde. Andere heilige Haine entstanden an Quellen, Felsen, Bergkuppen. In vielen Lichtungen war noch die Irminsul, eine riesige Säule aus Holz oder Stein aufgerichtet, die den Weltenbaum Yggdrasil symbolisieren sollte. Der Maibaum hat hier seinen Ursprung. Als Karl der Große (768 - 814) die Eresburg bei Obermarsberg eroberte, zerstörte er auch die dortige Irminsul, den Weltenbaum Yggdrasil.

Schauplatz der Märchen

Märchen spielen nicht nur im Wald, aber überwiegend. Viele Elemente aus der germanischen Mythologie finden sich wieder, und zwar aus der niederen, da diese Wesen gerne den persönlichen Kontakt zu den Menschen suchen, mal in guter, mal in böser Absicht. Wir begegnen Elfen, Feen, wilden Männern, Riesen, Zauberern, Hexen, Zwergen, Gespenstern und Geistern. Verwandlungen spielen eine Rolle.

Die Dramaturgie ist einfach. Die Helden haben ein Problem, zum Beispiel Hunger, Verfolgung, Gefangennahme, Liebesnot, Dummheit, Leichtsinn, Schwäche, Hässlichkeit. Auf dem Weg zur Lösung machen Sie sich auf. Sie sind unterwegs, weil – wie es im Vorwort zu Grimms Märchen heißt – "das Glück hinter den Bergen wohnt". Chancen sind unlösbare Prüfungen. Oft erscheint überraschende Hilfe. Am Ende erwartet den Helden unermesslicher Lohn. Die schönsten und edelsten Liebespartner, Ruhm und ganze Königreiche. Mythos: Im Wald werden Wünsche erfüllt und übererfüllt.

Es ist die Zeit der Romantik, als die Gebrüder Jacob und Wilhelm Grimm ihre Märchen sammeln und herausgeben, Ersterscheinungen 1814-1820, 1822. 1907 wurde eine Jubiläumsausgabe aufgelegt. Der Maler und Zeichner Otto Ubbelohde (1867-1922) erhielt den Auftrag für 450 Illustrationen. Diese Ausgabe wurde die berühmteste. Die Illustrationen vermitteln eine Stimmungslage, als seien die Märchen ein zweites Mal geschrieben worden.

Der Eisenhans, Zeichnung von Otto Ubbelohde

Frau Holle

Fitchers Vogel

Der Geist im Glas

Rumpelstilzchen

Der Frieder und das Catherlieschen

Dat Erdmänneken

Zeichnungen: Otto Ubbelohde

Bär und Hirsch

Nur kurz erwähnen können wir in unserem Zusammenhang die Jagd. Mit ihren Traditionen und Zeremonien leistet sie einen zweifellos großen Beitrag zum Mythos Wald. Für die Pacht von Jagden besteht eine große Nachfrage. Begehrtestes Wild ist der Hirsch, der oft gemalte "König des Waldes". Für die Germanen stand der Braunbär an erster Stelle. Sie kannten außerdem Ur, Wisent, aus denen die Trinkhörner gewonnen wurden, Sauen und Elche. Eine große Rolle spielte die Beizjagd mit Falken. Im Mittelalter erreichte die Falknerei ihre große Blütezeit.

Lebensraum Wald, Verwüstungen und Happy End im Sauerland

Im mittelalterlichen dünnbesiedelten Sauerland dominierten Buchen- und zum Teil auch Eichenwälder. Dort weideten im Rahmen des Rechts auf Viehhude die Kühe, Schweine, Schafe und Ziegen der Bauern. Wiesenkulturen und Futtermittelanbau gab es noch nicht. Vom Waldboden wurde auch Einstreu genommen. Ackerbau bedeutete Roggen und Hafer, Kartoffeln kamen erst Anfangs des 19. Jahrhunderts. Doch die Verhältnisse für die Feldfrüchte waren nicht gut: Geringe Bodengüte, klimatische Verhältnisse, die vorteilhafter für Baumwuchs als für Feldfrüchte waren, das Relief. Ohne Wald konnte man nicht überleben und im damaligen Rahmen stellte die landwirtschaftliche Waldnutzung keine Gefährdung des Waldbestands dar.

Im Herbst boten Bucheckern und Eicheln Gelegenheit zur Schweinemast.

Der Mythos besteht, Wald ist Fülle, eine unbegrenzte ständig nachwachsende Ressource, um die man nicht extra zu kümmern braucht. Die Bevölkerung wuchs. Um 1300 hat es eine

Schweinemast aus Breviarium Grimani, Anfang des 16. Jahrhunderts (Richard Hilf, Der Wald 1938)

Rodungsperiode gegeben, ohne dass größere Probleme entstanden waren. Ab Ende des 17. Jahrhunderts war in größerem Stil das Hütten- und Hämmerwesen aufgeblüht. Das Sauerland erlebte einen Aufschwung. Wobei das Erz großenteils eingekauft werden musste. Die eigenen Gruben gaben zu wenig her.

Standortfaktor war der Wald als Energielieferant mit Hilfe der Köhlerei. Sie war der Schlüssel für den Aufschwung, da andere Energieträger damals nicht zur Verfügung standen.

Das Gewerbe der Holzverkohlung erreichte eine Blütezeit. Köhlersiedlungen entstanden in den Wäldern des Adels und der Klöster. Soviel wurde produziert, dass ins Ausland exportiert werden konnte. In enger Verbindung standen die Fuhrleute, die das Holz für die Meiler heranschafften und die fertige Kohle abtransportierten. Ein verwandtes Waldgewerbe waren die Aschenbrenner. Sie stellten Holzasche her und gewannen durch Auslaugen und Wiedereindampfen Pottasche, die zur Glasproduktion, zum Seifensieden und zum Garnbleichen benötigt wurde. Der ausgelaugte Abfall, der Aschenkummer, war als derzeit beste Art des Bodendüngers beliebt. Stallfütterung, das heißt tierischer Dünger war außer in den kritischen Wintermonaten noch nicht möglich.

Bald zeigten sich Engpässe. Der Mythos vom Wald als Ort der unbegrenzten Möglichkeiten war inzwischen durchwachsen. Die expandierende Eisen- und Metallverarbeitung benötigte immer mehr Holzkohle. Ganze Berge waren schon abgekohlt. Über die hohen Preise wurde geklagt. Es kam zu den oft durchbrochenen kurkölnischen Kohlensperren, das heißt dem Verbot des Kohleexports. Für die Köhlerei waren damit niedrigere Preise verbunden.

Die Viehherden der weiter gewachsenen Bevölkerung mußten immer größere Strecken zurücklegen. Nicht nur Köhler und Aschenbrenner hatten den Wald zurückgedrängt, die großen Herden ließen kein Jungholz aufkommen. Junge Buchen und Eichen hatten keine Chancen. Sie wurde abgefressen. Der Boden wurde nach wie vor für die Einstreu abgetragen. Der Anbau von Roggen und Hafer war zu gering. Das Stroh reichte gerade zum Dachdecken. Man ging von der sogenannten Niederwaldwirt-

Ein völlig gerichteter oder holzfertiger Meiler

Ein gedecker Meiler

Ein angesteckter, noch nicht ganz beworfener Meiler

Ein abzukühlender Meiler

Ein völlig gedeckter und rauchender Meiler, der gefüllt wird

Das Langen der Kohlen aus einem abgekühlten Meiler

Köhlerei im 18. Jahrhundert nach D. Krünitz 1788 (A. Schinkert: Die Holzverkohlung im Sauerland 1987)

schaft aus, das heißt man setzte auf Stockaufschläge und erntete schon nach 30 Jahren. Holznot breitete sich aus. Feuerholz und Bauholz wurden knapp. Große Heideflächen dehnten sich aus, Ginster, Wacholder usw. Die Lüneburger Heide stand ins Haus. Devastation (Verwüstung) wurde beklagt.

Um 1830 zog sich die eisenverarbeitende Industrie aus dem Sauerland zurück. An Rhein und Ruhr gab es Koks.

Die zurückbleibende Bevölkerung geriet in Bedrängnis. Nach wie vor bestand eine existenzielle Abhängigkeit vom Wald. Die historische Umweltzerstörung führte zu Hungerkrisen. Der Wald war inzwischen auf ein Drittel geschrumpft und bestand nach Oberforstmeister Freiherr von Hobe aus wenig hochwertiger Qualität. "Ehemals konnte man Waldungen sagen, wo man jetzt Holzungen und Feldhölzer dazu sagen muss" (zitiert nach B. Selter, 1995).

Eine der Überlebensstrategien führte zur Entstehung des Wandergewerbes mit Holz- und Eisenwaren, zum Beispiel Holzgeschirr und Sensen.

Dann kam die Wende. Die Forstwirtschaft hatte sich etabliert und in einem gigantischen Projekt wurde das Sauerland wieder aufgeforstet. Angesichts der Kritik an Fichtenmonokulturen kann die Pionierleistung heute nicht mehr richtig eingeschätzt werden. Beginn war 1850 und reichte bis in unsere Zeitepoche hinein. Schon immer hatte es Versuche gegeben, durch Verordnungen den Verwüstungen gegenzusteuern. Nun aber stand ein Planungsinstrumentarium zur Verfügung. Basis war eine Jahrzehnte lange Waldflurbereinigung. Das Recht auf Waldhude wurde abgeschafft. Ersatz wurde in Form von Wiesenkulturen geschaffen, wo auch Heu gewonnen werden konnte. Eigens ausgebildete Wiesenmeister sorgten für die richtige Anlage. So wurden zum Beispiel die Sümpfe und Erlenbruchwälder in den Tallagen beseitigt.

Für welche Baumart sollte man sich entscheiden? Wegen der Holznot und weil künftige Entwicklungen damals nicht bekannt waren, kam nur die schnell wachsende Fichte in Frage. Erste Versuche waren jedoch fehlgeschlagen.

Heute beträgt der Waldanteil im Sauerland mehr als 60 Prozent. Überall findet man holzverarbeitende Industrie. Ein neuer Trend ist das Bauen mit Holz. Häufiger wird die künstlerisch anspruchsvolle Form gesucht. Eine neue Holzkultur?

Zur gegenwärtigen Wirtschaftseinheit Fichte heißt im Buch "Der Hochsauerlandkreis" 1996: "Eine Buche verursacht das Doppelte, eine Eiche sogar das Dreifache der Kulturkosten. Beim Verkauf von Fichtenholz erzielt man im Vergleich zu Buchen etwa den dreifachen, gegenüber den Eichen sogar den vierfachen Erlös." Bernhard Selter bringt 1995 ein interessantes Zitat von G. Mitscherlich 1963, dass der stark beanspruchte Wald früherer Zeiten auch sehr viel Lebendigkeit mit sich brachte, fast bedauert er die Aufforstung: "Im Walde, in dem es Jahrhunderte hindurch von Hundegebell und Hörnerklang der höfischen Jagden, von dem Geschrei der Viehhirten, dem Blöken, Wiehern, Muhen, Meckern und Grunzen des Viehs, dem Axthieb der Felgen- und Bohlenhauer und dem Pochen der Eisenhämmer geschallt hatte, wo allenthalben die Kohlenmeiler, die Teer- und Aschengruben geraucht, die Schmelzöfen gequalmt hatten, wurde es nach und nach still."

Ganz so still sollte es später nicht werden, als es Mode wurde im Wald zu singen, begleitet von Gitarren und hundert Jahre später von Klampfen.

Von einer Blume, die blau ist

Der Impuls der Romantik von Ende des 18. bis Mitte des 19. Jahrhunderts trägt dazu bei, dass das Sauerland und seine

Wälder von ersten Reisenden entdeckt wird. Reiseführer erscheinen. Große Resonanz findet die Sauerland-Darstellung von Levin Schücking und Annette von Droste-Hülshoff in "Das malerische und romantische Westfalen" (1841), wie Dietmar Sauermann in "Gute Aussicht" 1990 schreibt. Er zitiert aber auch Walter Horstert vom sauerländischen Gebirgsverein 1966, dass die Sauerländer selbst "(anfangs) nur wenig taten, um Touristen ins Land zu ziehen".

1891 gründet der Forstrat Ernst Ehmsen den sauerländischen Gebirgsverein. Wanderwege werden erschlossen, Wandern in fröhlicher Geselligkeit wird gepflegt.

Um 1900 entsteht die Jugendbewegung. Der Wald wird schwärmerisch überhöht. Er ist das Ziel der Sehnsucht. Wanderlieder werden gesammelt. Am berühmtesten ist Hans Breuers "Zupfgeigenhansel", zum Beispiel mit Liedern wie Eichendorffs "O Täler weit, o Höhen".

Hundert Jahre nach der ersten Romantik war eine zweite entstanden. Markstein war das Treffen auf dem Hohen Meißner 1913. "Wandervögel" nannten sie sich nun. Ihre Ziele waren Wandern, Volkslied, Volkstanz, Gesundheit, jugendgemäße Kleidung, wie Dieter Struss in Deutsche Romantik 1986 beschreibt. Ständiger Begleiter war die Klampfe. Als Wahrzeichen gilt die Blaue Blume aus dem Roman des Frühromantikers Novalis "Heinrich von Ofterdingen". Die Blaue Blume steht für die Geheimnisse der Welt, die das Leben lebenswert machen. Nach ihr sucht Heinrich. Ein Lied heißt "Wer nach der Blauen Blume sucht, der muss ein Wandervogel sein".

Auch der sauerländische Gebirgsverein begeistert durch die Verbindung von Wandern und Singen.

Nach dem Zweiten Weltkrieg entstehen immer mehr Gasthöfe und Hotels bzw. werden aus bäuerlichen Betrieben entwickelt. Das Sauerland wird der Garten des Ruhrgebiets genannt. Goldene Zeiten herrschten bis günstige Flugreisen in südliche Länder und die allgemeine Mobilität zur Zurückhaltung führten.

Doch das ist es wohl nicht allein. Beobachtet man – wie der Verfasser – knapp zehn Jahre lang Spaziergänger und Wanderer im Wald, sieht man viele verhaltene Gesichter. Bewegung ja, frische Luft ja, ansonsten scheint man nicht den richtigen Einstieg zu finden. Alltagsprobleme werden mit in den Wald genommen, ebenso Schlagzeilen und ausführlich besprochen. Als wüsste man nicht recht, was man im Wald soll. Gesungen hat in den zehn Jahren niemand, wir auch nicht. Schon 1962 musste der sauerländische Gebirgsverein wie in "Gute Aussicht" dargestellt, die Herausgabe seines Liederbuches "Unsere Lieder" einstellen. Man geht von A nach B, gut. Dabei fehlt es nicht an Bekundungen nach mehr Emotion und Lebensfreude. Und reist dorthin, wo man sie zu finden glaubt.

Nach der zweiten Romantik sind wieder hundert Jahre vergangen, Zeit für eine dritte. Singen im Wald wird man sicher nicht mehr. Eine moderne Romantik wird sein: Leichter, entspannter, einfacher, sinnesfroher, vitaler, meditativer, poetischer, individueller, neugieriger auf neue Sichtweisen, abenteuerlicher, mehr Spaß an Grenzen zu gehen, kreativer, augenzwinkernder.

Zweiter Schritt:
Zum Freuen bereit sein

Sieben Freudetipps

Zweiter Tipp –
Seien Sie bereit, alle Antennen auszufahren

Erster Tipp –
Seien Sie bereit, Zeit zu haben

Wer wenig sieht, hat weniger Chancen zum Freuen. Sensibilisieren Sie sich, probieren Sie neue Sichtweisen aus, aber entspannt und ohne etwas zu wollen.

Dritter Tipp –
Seien Sie bereit, nicht nur von A nach B zu gehen

Der Organismus braucht Zeit, um sich auf etwas einzustellen. Lösen Sie sich vom Alltag, bevor Sie in den Wald gehen. Nehmen Sie sich die Zeit, eine Stunde vorher nichts Besonderes zu tun und zu denken, auch hinterher nicht. Nehmen Sie sich im Wald die Zeit, den Dingen nachzugehen, die Ihnen gefallen, kein "Naturzapping". Jedes Genießen ist auch eine Funktion der Zeit. Größere Gruppen müssen das nicht unmöglich machen. Ein Kompromiss ist das Verweilen an interessanten Plätzen, nicht nur zum Rasten, sondern auch für "Standortstudienreisen".

So befriedigend es ist, ein klares Ziel zu haben, so aufregend kann es sein, gelegentlich davon abzuweichen. Gegen Verirrungsangst helfen nicht nur die bekannten kartographischen und elektronischen Hilfen, auch die Tatsache, dass der durch die typische Topographie aufgelockerte sauerländische Wald nach kurzer Zeit immer wieder "ins Freie" führt. Geradlinige Durchquerung ist eigentlich nicht naturgemäß, eher das Streifen. Jenseits von A nach B wartet die Überraschung.

Vierter Tipp – Seien Sie bereit, Hindernisse und Langeweile zu überwinden

Freude ist um so größer, wenn eigene Aktivitäten und gewisse Mühen dahinter stehen, ohne die Freude selbst als Ziel anzustreben. Der Bergsteiger freut sich mehr über den Gipfel als der Seilbahnbenutzer. Herr aspera ad astra, heißt es lateinisch, durchs Raue zu den Sternen.

Fünfter Tipp – Seien Sie bereit, einfache Dinge anzunehmen, wenn von ihnen ein gewisser Zauber ausgeht

Das Spektakuläre ist es nicht, das glücklich macht, sagt die Glücksforschung, auch nicht das lediglich Einfache. Zauber schwingt mit, wenn man auf einmal so ein Kribbeln spürt, wenn man spürt, da ist was. Dann gilt: Probieren, ob es wirklich so ist. Und erfüllen Sie die Situation mit Herz und Leben.

Sechster Tipp – Seien Sie bereit, sich gegenseitig aufzuschaukeln

Damit ist die Bereitschaft gemeint, sich von anderen ein wenig begeistern zu lassen und auch selber nicht hinter den Berg zu halten. Das emotionale Pingpong benachteiligt die "Einergruppe" nicht übermäßig. Der Nachteil wird durch den Vorteil ausgeglichen, dass sie sich "virtuell" am weitesten entfalten kann. Wie kann man sich aufschaukeln? Das Spiel mit der Sprache bietet sich an. Nicht "Guck mal, schön", sondern lebensvoller, anschaulicher, Vergleiche finden oder durch die Art, wie man etwas sagt. Manche Wanderführer, wie beispielsweise Herbert vom Hotel Hochschober, Turracher Höhe, Österreich, können zaubern. Lange an nicht übermäßig eindrucksvollen Bergen entlang gewandert: "Seht euch mal diese Berge an, gibt's was Schöneres?" Zweifel. "Seht sie euch an. Seht doch hin!" Das Timbre in der Stimme ließ uns stehen bleiben. Wumm – alle wie vom Donner gerührt, der Verfasser auch. Und schließlich: Glück hat viel zu tun mit mitmenschlichen Beziehungen, sagen Erfahrung und Glücksforschung. Schlüssel ist immer gemeinsames Tun und Erleben, zum Beispiel im Wald.

Siebenter Tipp –
Seien Sie bereit, eine Situation im richtigen Augenblick zu verlassen

Alles Freuen hat eine bestimmte Lebensdauer. Zu früh gegangen, ist noch nichts aufgekommen, zu spät bleibt eine schale Erinnerung. Vielfältig ausgestattete Situationen im Wald lassen sich lange auskosten, Einzeleindrücke nur kurz. Wenn Sie gegangen sind, sollten Sie eine Weile neue Eindrücke meiden, damit die Bilder Gelegenheit haben, Ihr Unterbewusstsein dauerhaft zu bereichern.

Dritter Schritt:
Einstiege in den Wald finden

Frische Bäche
machen gute Laune

Sauerland ist Quellenland. Überall gluckst und blubbert es aus den Waldbergen, findet sich zu Bächen zusammen. An den Ufern tummelt sich eine fröhliche Pflanzengesellschaft, Kleinflieger fliegen Zickzack.

Idee

Suchen Sie einen der klaren Bäche des Sauerlands. Erinnern Sie sich an den Kontrast zu dem Leben in den Ballungszentren. Bleiben Sie mindestens eine halbe Stunde. Nehmen Sie die wertvolle Wasserszenerie in sich auf, die so wertvolle Assoziationen auslöst wie: Ursprünglichkeit, aus der Tiefe stammend, Fruchtbarkeit, Reinheit, Frische, Optimismus, Lebensfreude, Gelöstheit, Leichtigkeit, Unbeschwertheit. In Robert Schumanns "In einem Bächlein helle ..." kann man nicht besser die Wirkung beschreiben, die von einem quellfrischen Bach ausgeht. Wenn es stimmt, dass jeder Vierte an Depressionen leidet, im Sauerland sind viele frische Bäche.

Dazu erforderlich:
- Ursprüngliche Bachszenerien, eher an den Oberläufen im Wald als in den Tallagen zu finden.
- Karte, die zeigt, wo Bäche gehäuft vorkommen.
- Guter Zugang zum ausgewählten Bach, Freiraum an Ufer oder Brücke.

Erleben

Bester Standort ist ein "Natursofa"

Meist geht es terrassenförmig nach unten. Wo ein Platz ist mit dickem Polstergras, steht unser "Natursofa". Dort bleiben wir. Das territoriale Gefühl auf Zeit ist da. Der Bach ist nicht fremd, sondern gehört zu unserem Lebensraum.

Strömungsmuster und Storchenschritt

Den ersten Blick verdient die üppige Vegetation in den Bacheinschnitten, die die Mittelgebirgsbäche auszeichnet. Die symmetrische Anordnung des Bachbettes wirkt harmonisch.

Unbedingt sollte man mit den Augen den Mäandern des Bachlaufs folgen. Spontaneität kommt zum Ausdruck. Es ist ein freies Gewässer, darf es sein. Wir fühlen uns gelöst.

An den Prallwänden quirlt das Wasser durch die Wasserpflanzen und an den Erden entlang. Beim Sprung über Steine und dem Lauf um sie herum, funkeln die Tropfen. Im Falle von

Nebel und Regen ist das Schauspiel nicht zu unterschätzen, wenn alles ineinander übergeht.

Sehenswert sind die verwirbelnden Strömungsmuster. Manchmal sehen sie aus wie Zöpfe. Sie ändern sich wie ein Kaleidoskop und behalten doch eine gleiche Grundstruktur. Man kann sie stundenlang ansehen. Mit einem Stöckchen ins Wasser gehalten, zeichnen Sie Wirbelbilder. Im Gegensatz dazu stehen ruhige Buchten.

Wir lehnen uns auf dem "Natursofa" zurück und schließen die Augen, um zu hören. Dabei überrascht, wie stark sich gegenüber dem Gurgeln und Murmeln das Geschehen außerhalb des Wassers abhebt, das Gezwitscher der Vögel, das Surren der Insekten, das Rauschen der Blätter und das Klirren der langen Gräser. Germanen sagten aus dem Murmeln die Zukunft voraus.

Widmen wir uns dem Duft. Das frische Wasser verbindet sich mit den Wasserpflanzen, der Erde und den Steinen.

Natürlich wollen wir den Bach fühlen. Wir tun die Hände hinein, spüren den Druck und die Kühle. Ein paar Spritzer ins Gesicht tun gut. An schönen Tagen ist es ein Muss, wie die Patienten von Pfarrer Kneipp im Bachbett wasserzutreten. Dabei ziehen wir im klassischen Storchenschritt jedes Mal ein Bein ganz aus dem Wasser und setzen es wieder hinein. Von unten werden die Füße massiert. Anschließend streifen wir das Wasser nur mit den Händen ab und laufen uns im Gras trocken. Wieder in den Schuhen, steigt ein warmes, tosendes Gefühl auf.

Den Sinnesreiz Schmecken verlegen wir trotz der sicher gegebenen Unbedenklichkeit, ins nächste Gasthaus. Das sauerländische Bier gilt aufgrund seines Wassers als eines der besten in Deutschland. Mit einer nur im Sauerland anzutreffenden Kultur wird es gezapft. Man kippt es nicht herunter, sondern nimmt es mit Ehrfurcht zu sich.

Mögen Sie ankommendes oder wegfließendes Wasser?

Stellen Sie sich auf eine Brücke. Sehen sie bergwärts und lassen Sie das ankommende Wasser auf sich wirken. Was geschieht mit Ihnen, wenn Sie die Strömung auf sich zulaufen lassen?

Drehen Sie sich um und sehen Sie talwärts. Was ist anders? Wie ergeht es Ihnen?

Ankommendes Wasser, wenn man sich zu öffnen versteht, kann man spüren als Aufladen, Gewinnen neuer Aspekte und Kraft. Das auf einen zufließende Wasser ist positiv eine Herausforderung, negativ belastend. Befindet man sich im Stress (Distress), dann ist das ankommende Wasser unangenehm.

Wegfließendes Wasser hilft, dass Probleme sich lösen und davonschwimmen. Alles etwas lockerer nehmen und sich treiben lassen, das verbindet sich damit. Gleichzeitig bedeutet wegfließendes Wasser Entfaltung in unendliche Weiten. Der Bach mündet in einen Fluss, der in einen Strom, der ins Meer. Negativ kann manch einer das Gefühl haben, dass etwas zerrinnt. Verlustängste können auftauchen.

Es kommt also darauf an, welche Bedürfnisse Sie haben.

Tagträume

Für ein anderes Gedankenspiel macht man es sich auf dem "Natursofa" besonders gemütlich. Mit halbgeschlossenen Augen entfernt man sich etwas von der Umwelt und nimmt doch den Rhythmus des Plätscherns und der anderen Naturgeräusche wahr. Eine solche Situation ist einlullend und hat nach Willy Hellpach eine leicht hypnotische Wirkung. Wir lassen Tagträume aufsteigen und treiben mit dem Wasser fort.

Musica foresta

Anno Wotan war es die wilde Jagd, die über die Wipfel stürmte. Heute erwartet uns ein besonderes Musikerlebnis.

Idee

Wie man sich den Ruf einzelner Vögel als Vogelkonzert erschließen kann, so kann man es mit den amorph erscheinenden Windgeräuschen in den Bäumen tun. Bei stärkerem Winddruck werden Milliarden von Nadeln und Blättern, die Zweige und Wipfel als Membranen in Schwingungen gesetzt. Klangfolgen ergeben sich, wenn man näher darauf achtet. Die an- und abschwellenden Windstöße in unterschiedlicher Stärke und Dauer bilden wechselnde Rhythmen. Die Ausdrucksformen dieser Naturkonzerte reichen von melancholisch, kraftvoll bis unheimlich. Konzerte finden das ganze Jahr über statt. Wegen der guten Windverhältnisse dürfen wir uns auf die beiden Musikfestivals im Frühjahr und im Herbst freuen.

Dazu erforderlich:
- Tiefdruck, gute Windverhältnisse bis Sturm.
- Bäume, die den Wind auffangen, zum Beispiel keine felsartige Dickung, an der er abgleitet, besonders hörenswert ist der hohe Bestand.
- Anhöhe oder dem Wind zugeneigter Wald (überwiegend Westseite), bei stärkerem Wind überall.
- Angrenzender Freiraum, zum Beispiel breiter Weg, Lichtung, Waldrand, erlaubt die Klangbilder der im weiten Umfeld auftauchenden Windböen besser zu erfahren, schützt vor herabbrechenden Ästen.
- Nette Kleinigkeiten für die Pause mitbringen.

Erleben

Nehmen Sie Platz

Konzertplätze finden Sie auf dem Poltern, dem gestapelten Langholz entlang der Forstwege. Nichts spricht gegen mitgebrachte Klappstühle. Draußen an der frischen Luft sind Stehplätze akzeptabel, vor allem bei kritischem Wetter. In körperlicher Ruhe kann man aber ein Kunst- ebenso wie ein Naturkonzert am besten genießen. Hin- und herwandern sollte man nur in der Pause. Die brauchen Sie auch. In der Dämmerung ist Musica foresta am eindrucksvollsten.

In das Sausen und Röhren hineinhören

Wir lassen das Orgeln zunächst ohne nähere Betrachtung auf uns wirken. Nach einiger Zeit gelingt es, über die Kategorie Lärm und Geräusch hinwegzukommen. Wir werden bewegt. Musica foresta ist keine beruhigende, sondern eine stimulierende Musik, durch das ständige An- und Abschwellen des Winddrucks.

Am sanftesten ist die Stimulierung bei leichtem Wind, beim sogenannten "Waldweben". Die geringe, aber schon spürbare Windstärke lässt die Eigenakustik der Luftbewegung noch außen vor. Um so mehr klingen die einzelnen Elemente aus dem Wald zusammen. Bei Laubbäumen ist das Verwirbeln und Aneinanderschlagen der Blätter deutlich auszumachen. Das viel besungene "Waldesrauschen" entsteht. Aus den Nadelreihen der Fichten dringen vielstimmige Blastöne. Sie klingen edler, auch ernster als bei den Buchen. Hinzu komponieren sich knisternd wehende Gräser und die Stimmen von Vögeln. Irgendwo knackt es. Wie auch immer, aufeinmal befindet man sich auf einer Hör-Erkundungstour.

Wer es dramatischer mag, kommt bei Sturm auf seine Kosten. Dann tobt es in den Zweigen und Wipfeln. Auch das bewegte Holz tönt. Zwischendurch kann das Orchester abebben, um mit der nächsten Böe explosionsartig loszulegen.

Pause

Unser Vorschlag ist, sich nun den Ritus einer Konzertpause zu gönnen. Genießen Sie den Reiz der Verfremdung im Wald. Dazu gehören:

- entspanntes Auf- und Abwandeln
- wieder miteinander sprechen, allgemein und wie es war
- kleiner Imbiss, ein Glas Sekt.

Turbulenzkörper verfolgen

Nach der Pause werden Sie wieder in Ihre neuen akustischen Erfahrungen einsteigen wollen. Wir möchten noch auf die Verfolgung der sogenannten Turbulenzkörper aufmerksam machen. Was ist das?

Stößt der Wind in seiner Hauptrichtung oder in seinen Nebenrichtungen auf ein Hindernis, zum Beispiel Berg, zerteilt er sich dahinter in einzelne Windeinheiten. Das sind die Turbulenzkörper. Sie drehen sich und teilen sich weiter, wenn sie auf Waldstück, Baum, Zweig, Nadel treffen. Die Einheiten verbinden sich wieder und agieren im neuen Verband weiter. Das gilt besonders für die schnellen, kräftigen Böen. Sie treten bei starkem Wind gehäuft auf. Durch die Berührung mit Wipfeln und Zweigen werden Turbulenzkörper zu Klangwolken, deren Lauf man über dem Waldgebiet verfolgen kann. Das kann sich so abspielen:

Von ganz entfernt hört man erst leise, dann lauter werdend einen Körper herannahen. Auf einmal hört und sieht man Bewegung in den Bäumen. Man spürt den Wind im Gesicht. Ringsum wird es laut. Die Klangwolke zieht weiter, leiser und leiser werdend. Inzwischen hört man zwei weitere aus anderen Richtungen herannahen. Bevor man die Laufrichtung ausmachen kann, hat sich die eine zur Seite entfernt. Da kommen mehrere auf einen zu. Die unterschiedlichen Tonlagen und Wirbel verbinden sich. Da naht tieftönend eine Riesenwalze und nimmt alles in sich auf. Die Walze geht über einen hinweg. Kaum holt man Luft, macht sich am Waldhorizont eine noch viel größere bemerkbar...

Am angenehmsten ist es, nicht in einer Phase großer Konzertdramatik zu gehen, das käme einem Abbruch gleich, sondern dann, wenn der Wind einmal abebbt.

Die Blaustaffel

An manchen Tagen kann man im Sauerland ein Naturschauspiel von feiner Schönheit beobachten. Eine Luftspiegelung taucht die Wälder in ein dunstiges, magisches Blau. Von Schwarzblau im Vordergrund bis zu einem milchigen Pastellblau im verschwimmenden Horizont staffeln sich die Blautöne. Die Erscheinung der blauen Berge ist durch die Fülle der Erhebungen und die Luftfeuchtigkeit im Sauerland ausdrucksvoller als anderswo.

Idee

Freuen Sie sich so über die blauen Berge wie über den Sonnenuntergang, die Fata Morgana oder das Nordlicht. Nicht im Vorbeigehen oder mal Stehenbleiben, sondern mit langer Zuwendung. Ein Gefühl des Großen, der inneren Unendlichkeit, kommt auf, die große Ruhe. Wenn Sie diese Stimmungslage anspricht, sollten Sie geeignete Aussichtspunkte ansteuern.

Wie kommt die Spiegelung zustande? In der Luft befinden sich – mal mehr, mal weniger gehäuft – Mikropartikel. Sie können trocken und feucht sein. Die Meteorologen sprechen von trockenem und feuchtem Dunst. Beide Partikelarten können gleichzeitig auftreten. In ihnen spiegelt sich das darüberliegende Himmelsblau. Mischt sich das Grün der Wälder und Wiesen hinein, entstehen lebensvollesvolle, aber nicht leuchtende Farben. In der Malerei der Frührenaissance, als die Perspektive entdeckt wurde, setzte man erstmals die zum Hintergrund blas-

Foto: Alexander Seeboth

ser werdenden Blautöne ein, zum Beispiel bei Albrecht Dürer. Die Bilder gewannen Tiefe. Romantische Ästhetik, aber auch farbtherapeutische Wirkung werden geboten.

Dazu erforderlich:
- Leichter Dunst bei grundsätzlicher Schönwetterlage, günstig morgens und späterer Nachmittag.
- Bergpanorama gegenüber Standort, Aussichtspunkt oder Aussichtsturm, je mehr Berge sich in die Landschaft dehnen, desto besser, Panorama sollte nicht aus der Ferne zu sehen sein, sondern so nah wie möglich gegenüber dem Standort beginnen.

Erleben

Blaue Pracht

Wir stehen oder sitzen auf festem Boden und wir sehen hinein in die unwirkliche, gedämpfte, blaue Pracht. Jeder Berg hat sein eigenes Blau. Geht man hin, ist es verschwunden.

Wir können mit den Augen über die Blaustaffel hinwegfliegen oder die geschwungenen Silhouetten erkunden. Auf einer Seite der schwarzblauen Bögen steigen wir vielleicht herauf und fahren auf der anderen wieder herunter. Waren da nicht ferne Reiterheere? Danach besteigen wir das nächste Blau. Auf nahen Baumreihen sieht man manchmal Streifen von Nebelwatte liegen oder Wolkenseen? Am Horizont müssen wir aufpassen, dass es uns nicht in den Kosmos hinauszieht.

Ein paar hundert Mark kostet es, sich von einem der sauerländischen Sportflugplätze aus über die blauen Berge fliegen zu lassen. Das blaue Gewoge regt die Phantasie an.

Blaue Ruhe

Die Farbe Blau hat günstige farbtherapeutische Wirkungen. Unser Blau ist nicht lärmend und nicht einheitlich und steht in Verbindung mit den sanften Bögen der Landschaft, der großen Perspektive und der frischen Luft.

Zeitepochen haben Lieblingsfarben. Die moderne Lieblingsfarbe ist Blau wie verschiedene Untersuchungen belegen. Wir brauchen viel Blau.

Wenn wir vor der Blaustaffel stehen, ist wie überall eine Bedingung nicht zu übersehen: Man muss sich den Wirkungen öffnen. Sonst droht Langeweile. Der erste Wirkungsbereich kreist um Entspannung, Beruhigung, Kühle, Entschleunigung, Stille, Entfernung. Der zweite betrifft die Gewinnung von Klarheit und Orientierung. Der dritte steht für geistige Entwicklung, Kreativität, Phantasie, Poesie.

Luftgenuss

Die reine, frische Luft des Sauerlandes ist viel zu schade zum Atmen

Idee

Fragt man in Umfragen nach den Vorzügen des Sauerlands, dann rangiert die hohe Qualität der Luft ganz oben. Doch anders als bei edlen Speisen und Getränken gibt es bei edler Luft noch keine Kultur des Genießens. Das wollen wir ändern.

Unterwegs im "Luftland" Sauerland, sollten wir das Zweckatmen, das schon gut tut, durch gelegentliches Genussatmen unterbrechen, das noch mehr gut tut. Nicht zu verwechseln mit dem schnellen Atemzug nach dem Muster "herrlich, diese Luft!" Ein gutes Glas Wein wird man auch nicht so hinunterschütten.

20.000 Atemzüge machen wir pro Tag, meist in geschlossenen Räumen, das ist eigentlich scheußlich. Sind wir im Sommer an südlichen Stränden, haben wir es mit sonnendurchglühter Luft zu tun, die keine extra Freude auslöst. Doch die prickelnde Luft des Sauerlands ist ein Luftgenuss.

Dazu erforderlich:

- Zirkulierende Frischluft, zum Beispiel an Berghängen, auf Höhen, nicht in Tälern oder Waldpartien ohne Luftbewegung, keine Verkehrsadern in der Nähe.
- Meidung atembelastender Wetterlagen, zum Beispiel große Hitze, Kälte, Regen, Nebel, schwüles Wetter, normales Wetter ist richtig.
- Ansprechendes Umfeld, das zum Luftgenuss passt, zum Beispiel am Rande eines Waldbestands, vor einer freien Landschaft, in einer Lichtung.
- Aufrechte, gelöste Körperhaltung, das Kinn waagerecht, ob sitzend, stehend oder gehend, entscheidend ist, sich voll auf das Atmen einzustellen.
- Durch die Nase atmen.
- Bauchatmung

Erleben

Weckung des "Atemsinns"

Wir wollen uns zuerst für die sauerländische Luft sensibilisieren: Beim Riechen, beim Schmecken des Zustroms und beim Aufnehmen in unsere Lunge und in unseren Blutkreislauf. Es gibt keinen direkteren Bezug zur Befindlichkeit als durch das, was wir einatmen. Während wir normalerweise fünfzehn bis zwanzigmal in der Minute einatmen, verlangsamen wir die Frequenz, sobald wir uns als "Luftgourmets" betätigen wollen.

Beginnen wir mit der Nase. Es ist hilfreich, sich Unterschiede klarzumachen. Wie erleben wir zum Beispiel den Duft einer Waldwiese und danach den einer Anhöhe. Worin bestehen die

Unterschiede? Eine gute Übung ist es, in einen Fichtenbestand hineinzugehen. Hochgenuss ist ein warmer Sommertag. Wir werden feststellen, dass hier ein sehr feines, vielfach zusammengesetztes Aroma herrscht, völlig anders als wir es in den Duftgrotten von Bädern kennen oder in den bekannten Essenzen zum Einreiben und Baden, genannt: "Fichtennadel". Die Jahreszeiten riechen verschieden.

Wollen wir, dass beim Einatmen auch die Geschmacksknospen berührt werden, empfiehlt es sich, den Rachenraum nach unten etwas zu erweitern. Es dauert ein wenig, bis man lernt, Luft zu schmecken. Man muss probieren. Natürlich handelt es sich nur um einen Hauch von Geschmack, der über Zunge und Gaumen fließt. Die Temperatur ist übers Jahr eher kühl, was in Verbindung mit der Reinheit zu dem Erlebnis der Frische führt. Für den "Luftgeniesser" ist die Lunge ein Sinnesorgan. Spüren Sie bewusst nach und genießen Sie es, wenn der wunderbare Luftstrom die Bronchienbläschen in Aufregung versetzt.

Einatmen

Wir stellen um auf die Bauchatmung. Dadurch gewinnen wir mehr. Gesünder als die normale Brustatmung ist sie sowieso. Einatmen, Bauch raus, ausatmen, Bauch rein, das ist die Technik.

Haben wir unseren Atemplatz im Wald gefunden, machen wir ein paar tiefe Probezüge. Genussatmen am Stück sollte man nicht länger als ein paar Minuten tun, um nicht zu kollabieren. Es ist aber beliebig wiederholbar.

Das Einatmen beginnen wir langsam. Nach und nach lassen wir die Luft an den inneren Nasenflügeln vorbeigleiten. Dort begrüßen wir sie und erfahren, wie sie sich anfühlt. Dann können wir sie riechen und bald auch leicht schmecken. Das Geschmacksempfinden lässt sich verstärken, wenn wir zwischen-

durch kurz den Mund etwas öffnen, um die Zunge einzubeziehen. Was man erlebt, kreist um Eigenschaften wie: rein, kühl, frisch, erdig, herzhaft. Sie werden weitere finden.

Nun spannen wir die Bauch-, Rippen- und Rückenmuskeln an. Allein das ist ein gutes Gefühl. Kräftig ansaugen: Größere Luftmassen stürzen durch den Rachen in die Tiefe.

Die Lungen haben wir fast vollständig mit dem edlen sauerländischen Stoff ausgefüllt. Pralles Wohlbehagen erfüllt uns. Kurz vor der zurückkehrenden Atemwelle lassen wir den Atem für eine Sekunde stehen. Wir setzen noch eins drauf. Mit einem letzten tiefen Ruck versorgen wir die letzten Verästelungen. Mehr geht nicht. Die Lunge jubelt.

Ausatmen

Dem stärkenden Einatmen steht das entspannende Ausatmen gegenüber, ähnlich dem ankommenden und wegfließenden Bach. Setzen Sie nur noch wenig Kraft ein. "Es" atmet aus. Lassen Sie sich einfach fallen und von der Ausatmungswelle wieder nach draußen tragen. Abgeschwächt, aber noch immer nimmt man die gute Qualität der sauerländischen Luft wahr. Nehmen Sie sich zum Ausatmen doppelt soviel Zeit wie für das Einatmen. Am Ende steht wieder ein kurzer Atemstillstand. Wir spannen unsere Muskeln an. Neue Luft stürmt herein.

Vorschlag Atemtherapie

Einen hohen Stand hat inzwischen die ganzheitlich orientierte Atemtherapie erreicht. Wenn Sie sich von einem guten Therapeuten einüben lassen, haben Sie etwas Praktisches gewonnen, wann immer Sie draußen an der frischen Luft sind.

Im Land der Fichten

Stolz und schön, symmetrisch gewachsen, in dunkles Grün und Rostbraun gekleidet, so stehen sie in der auf- und abschwingenden Landschaft des Sauerlands. Doch überall sind Fichten. Viel zu viele Fichten? Der Baum wurde zum Unbaum. Unbaum ist Neubaum.

Idee

Wenn allzu Bekanntes keine Neugier mehr weckt, wird es immer unbekannter. Ein paar schemenhafte Vorstellungen, das ist es. Fichtenwälder sind auf einmal fremd, obwohl die Baumart im Sauerland zu 70 Prozent vertreten ist. Fremdes lockt. Neue Neugier entsteht. Erkunden wir das Land der Fichten. Dazu erforderlich: Nichts anderes als zu den Fichten hinzugehen und sie in ihrer Monokultur zu nehmen, wie sie sind.

Erleben

Ihre Hoheit, die Fichte

Was ist das eigentlich für ein Baum? Was löst er in uns aus? Um das zu erproben, suchen wir uns zunächst einen freistehenden Einzelbaum oder einen der Randbäume eines Bestandes. Der alte Einzelbaum mit großer Höhe und bis zum Boden reichenden Zweigen ist übrigens ein Naturdenkmal, das es anzuwandern lohnt. Liegt noch Schnee auf den Zweigen und wie sich das Weiß von dem dunklen Grün der Zweige abhebt, das hat schon etwas.

Schmidt-Vogt, "Die Fichte", 1986, hat in einem Kapitel seines forstlichen Handbuchs ästhetische und physiognomische Eigenschaften der Fichte aus einer reichen Literatur zusammengestellt. Wir haben sie noch aus weiteren Quellen ergänzt. Ausgangspunkt sind bestimmte Erscheinungsmerkmale wie schmale Pyramidenform, große Höhe (bis zu 45 m), gerader Stamm, regelmäßige Anordnung der Zweige und Nadeln, gedeckte Farben, vierkantige spitze, ringsumstehende Nadeln. Aus der Wirkung auf den Betrachter lassen sich folgende "Eigenschaften" der Fichte ableiten.

– Merkmal des Erhabenen

Die Fichte wird als ein hoheitsvoller, selbstbewusster und stolzer Baum aufgefasst. Der frühere botanische Name lautete: picea

Foto: Bernhard Kevekordes

(Fichte) excelsa (erhaben). Jetzt heißt sie, zur Unterscheidung von anderen, picea abies (gemeine Fichte).

– Merkmal der Schönheit

Schönheit ist ein vielgenanntes Attribut. Harmonie und Festlichkeit sind die näheren Ausführungen. Und die schon fast zu große Ebenmäßigkeit.

– Merkmal der Melancholie

Die Fichte ist kein lebhafter Baum wie Buche, Kiefer oder Birke. Sie gilt als introvertiert. Eine Art von feierlichem Ernst geht von ihr aus, der Züge von Schwermut hat.

– Merkmal der Distanzierung

Der Baum hält auf Distanz. Die ringsum stachelbewehrten Zweige lassen den Schluss zu, dass er einem nicht die Hand geben möchte. Die Tanne ist verbindlicher. Die Zweige sind biegsamer, die Nadeln weicher und oben abgerundet. Man könnte von schmalen Blättern sprechen. Die härtesten und stechendsten Nadeln haben die jungen Fichten im Dickicht.

Ist die Fichte über ein bestimmtes Wachstumsalter hinaus, verdrängt sie andere Baumarten. Deshalb wird sie als streitbarer Baum bezeichnet. Selbst dort, wo sie natürlich vorkommt, bildet sie gern Reinbestände. Man bleibt unter sich. Kaum zum Streicheln lädt die schuppige Rinde mit ihren Ecken und Kanten ein.

– Merkmal der Kraft

Die Fichte wird als kraftvoller und vitaler Baum aufgefasst. Sie wächst schnell und geradlinig in die Höhe und soll unter günstigen Bedingungen bis zu 600 Jahre alt werden. Zeichen der Vitalität ist ebenso das erwähnte Verdrängen anderer Baumarten. Doch sie hat einen Schwachpunkt, ihre flache Wurzel. Sie muss vor Windfall geschützt werden.

– Merkmal des Gemüts

Trotz ihrer Sprödigkeit heißt es, dass von ihr Wärme und Geborgenheit ausgeht. "Mutter Fichte" wurde sie früher gern genannt. Zu ihr kann man kommen, wenn es einem einmal nicht so gut geht, siehe auch die vermuteten Heilwirkungen der Fichte, s.u.

Die Sache mit der Waldeinsamkeit

Den Begriff der Waldeinsamkeit verbindet man vor allem mit dem dämmerigen Fichtenwald. Sie könnte keinen besseren Ausgleich für die gegenwärtigen "Übers" darstellen: Überkommunikation, Überlärmung, Übervernetzung.

Tatsächlich, Stille findet man. Doch nicht alles kann man ertragen, was man braucht. Man muss sich auf so etwas wie eine Stillegewöhnung einlassen. Dann ist die Waldeinsamkeit schon gewonnen. Ideal: Die Stille nicht nur als Ausgleich, sondern auch wegen der ihr eigenen Faszination zu erleben.

Wer Räuber und Mörder erwartet, für den ist Waldeinsamkeit keine Freude. Wobei jene Herren heute lieber unübersichtliche Gegenden von Städten bevorzugen.

Fichtendüfte genießen

Versucht man, bewusst den Duft eines Fichtenwaldes in sich aufzunehmen, wird man feststellen, dass er gar nicht nach "Fichtennadel" riecht (s. Kapitel Luftgenuss). Man begegnet einem feinaromatischen, vielfältig zusammengesetzten Duft. Vergessen Sie die bekannte Duftbeschreibung "würzig". Am reichhaltigsten riecht es an einem warmen Sommertag oder nach Regen.

Einen kräftigen Duftgenuss bietet der harzig-säuerliche Duft von frisch geschlagenem Holz. Länger gelagertes Holz riecht ebenfalls gut. Anfassen gehört dazu. An den Forstwegen lagern viele Schnupperfreuden.

Unbedingt zu empfehlen ist ein Besuch in einem der vielen Sägewerke im Sauerland. Lassen Sie sich einen Beutel Sägemehl mitgeben. Zu Hause machen sich die weißen Duftspender gut in einer Keramikschale und erfüllen den Raum. Dürfte wirken sofort auf das Befinden. Nach zehn bis fünfzehn Minuten erlahmt das Riechvermögen und benötigt eine Pause.

Heilwirkungen des Fichtenwalds

Worum es geht, sind sanfte Wirkungen. Die klassische heilunterstützende Wirkung betrifft die Atemwege. Hauptverantwortlich ist die Qualität der staubreinen, feuchten, mit ätherischen Ölen angereicherten Fichtenluft.

Schmidt-Vogt berichtet von einer Umfrage bei Kurärzten, die eine Hilfe bei Bronchitis und Asthma sehen. Eine antiseptische Wirkung wird Fichtenprodukten nachgesagt, das heißt Anwendungen bei Schnupfen und Husten. Der Schleim wird gelöst. Inhalationen und Bäder empfehlen sich. Der typische Fichtenaufguss in der Sauna leistet im Winter gute Dienste.

Bei leichten Herz- und Kreislaufbeschwerden bzw. zur Vorbeugung soll die Bewegung in der frischen Fichtenluft viele Vorteile haben. Die Durchblutung wird gefördert, was auch durch verschiedene Formen von Einreibungen ermöglicht wird.

Vor und nach sportlicher Anstrengung sind Einreibungen oder Massagen mit Fichtennadelöl oder den Auszügen von anderen Nadelbäumen nicht wegzudenken.

Eindruckswirkungen der Fichte: Merkmale des Erhabenen, der Schönheit, der Distanzierung, der Kraft und des Gemüts

Für leichtere rheumatische Beschwerden gelten Anwendungen mit Fichteneinreibungen und mit Bädern als günstig.

Wie Schmidt-Vogt berichtet, wurde die Fichte früher bei der Gicht herangezogen, auch Beschwörungsformeln wurden gesprochen, zum Beispiel:

"Guten Morgen, Mutter Fichte
Ich hab die reißende Gichte.
Ich hab es gehabt, dieses Jahr.
Du sollst es haben immerdar."

Die mit Abstand größte Heilwirkung wird im Bereich der psychophysischen Stärkung gesehen. Die Fichtenluft draußen hat wieder eine bedeutende Funktion, aber auch das stabilisierende Erscheinungsbild der Fichten. Das dunkle Grün und die rostbraune Rinde sowie die gleichmäßige Formensprache unterstützen die beruhigende Wirkung.

Beruhigung heißt, die Dinge wieder unter Kontrolle zu bekommen. Um weitere der bei Schmidt-Voigt genannten Wirkungen aufzuführen: Neue Kräfte, Nervenstärke, Geborgenheit, ein Stück Heimat, Entspannung, Orientierung, klare Gedanken. Das kann zum Beispiel auch in Form von Raumbeduftungen, Kräuterkissen mit jungen Fichtennadeln, Fichtenbädern, Saunaaufgüssen, Räucherungen durch zerglühende Fichtenäste geschehen.

Für den Bereich der mentalen Aufladung schildert René Strassmann eine romantisch-esoterische Situation: "Erschöpft und unruhig setze ich mich an den Fuß der Fichte, lehne meinen Rücken an ihren Stamm und spüre durch meine Kleider hindurch die Unebenheit der Rinde. Bald durchströmt eine angenehme Wärme meinen Körper. Sie umhüllt mich und führt mich langsam zur Ruhe hin. Die Erschöpfung verlässt meinen Körper. Etwas in mir richtet meinen Rücken auf, die Wirbelsäule reckt sich, alles in mir beginnt sich zu dehnen und zu strecken. Mit der Fichte richte ich mich auf, die Füße auf der Erde, den Scheitel zum Himmel gerichtet. Ich wachse zielsicher dem Himmel entgegen."

Maienspitzen, Salat und Fichtenlimonade

Im Frühjahr hat die Fichte eine überraschend liebliche Seite. Aus dem dunklen winterlichen Grün sprießen hellgrün die neuen Nadeln. Es sind kleine zarte Büschel, die noch nichts von den späteren Vierkantspießen haben. Zwischen Mai und Juni sieht man die Triebe.Sie sind ein schmackhafter Zusatz zum Salat. Limonade kann man daraus machen.

Rezept für Fichtenlimonade:
Maienspitzen in 5 l Wasser geben, dazu 1 kg Zucker und eine ganze Zitrone in Scheiben, alles verrühren. Die Flüssigkeit mit einer feinmaschigen Gaze zudecken und an die Sonne stellen, nach 2 - 3 Tagen abseihen und in Flaschen füllen. In den nächsten Wochen den Druck kontrollieren. Nach sechs Wochen ist die

Fichtenlimonade trinkfertig. Oder: Mit den Maitrieben einen ordentlichen Schnaps aufzusetzen. Das Sammeln von Maitrieben sollte nur an den unteren Ästen und sehr zurückhaltend vorgenommen werden.

Blütenzauber

Werfen Sie im Frühjahr einen Blick in die Kronen (April bis Mai). Dort kann man lauter rote Punkte erkennen. Das sind die männlichen und weiblichen Blüten. Die männlichen sind im Wipfel verteilt und haben eine volle rote Farbe. Die weiblichen sitzen mehr an den Wipfelzweigen und tendieren nach Purpur. Interessant an ihnen ist, dass sie aufrecht stehen und die Form eines Minizapfens haben.

Später drehen sie sich um und im August sieht man schon die noch grasgrünen und klebrigen Zapfen. Reifung: Oktober in der gewohnten braunen Farbgebung. Auffallend ist, mit welcher Hingabe die Fichtendamen umworben werden. Der gelbe Blütenstaub der Herren wird in solchen Mengen produziert, dass Wege und nahegelegene Wasserflächen gelb eingedeckt werden. Schwefelregen wird das Naturereignis genannt.

Während die Maitriebe in jedem Frühjahr zu sehen sind, ist die Hochzeit der Fichtenblüten seltener. Eine Fichte wird erst ab 30 Jahren fruchtbar, dann nicht jährlich, sondern alle drei bis fünf Jahre, sogenannte Samen- oder Zapfenjahre. Im Herbst sieht man die prallen Zapfen heranreifen. Erst im darauf folgenden Frühjahr fallen sie herunter und wir können die neuen Kunstwerke in die Hand nehmen.

Schon wie die Zapfen fallen, kann ein Kunstwerk sein

Überraschende Übereinstimmung: Farne heute und Abdruck aus der Kreidezeit des Sauerlandes

Für den Soester Hugo Kükelhaus, der in den siebziger Jahren gegen die "unmenschliche Architektur" (Kükelhaus) kämpfte, stellte der Tannenzapfen ein vorbildliches Beispiel für kunstvolle organische Formensprachen dar.

Farne, der Gruß aus der Kreidezeit

Zu den interessantesten Pflanzen auf den Fichtenböden zählen die urweltlich anmutenden Farne. Sie entstanden – nach Vorformen im Devon – in der Kreidezeit. Nach Franz Lotze, 1960, lag das Sauerland zu dieser Zeit am Ufer eines Meeres. Flüsse aus dem Norden schwemmten ein Gemisch aus Grauwacke, Sandstein, sandigen Tonschichten an, dem späteren Schiefer. Farnwedel wurden eingebacken, die aus dem nächsten Wald stammen könnten.

Überall findet man die Urweltzeugen, in feuchten Schluchten dicht an dicht. Sie verhelfen uns zu einem Zeitsprung zurück, zu einer Epoche, als vor 65 Millionen Jahren die Dinosaurier durch die sauerländischen Flachsümpfe stapften.

Terra Mystika

Der Fichtenwald ist ein Dämmerungswald. Geborgenheit und flaues Gefühl mischen sich. Wer mehr Licht möchte, ist auf den hellen breiten Waldstraßen gut aufgehoben. Nachteil ist, dass man von dort nicht sehr tief in den Wald hineinsehen kann, weil das Auge von der Helligkeit adaptiert ist. Trotz der enormen Gesamtfläche bildet er im Sauerland keine zusammenhängende Fläche, sondern reißt durch die schwingende Topographie, immer wieder auf. Auf einmal erscheint ein Wiesengrund mit einem Bach. Kurz danach tauchen wir erneut ein.

Für Freaks, die das Grauen suchen

Es kommt vor, dass der Weg durch einen düsteren Stangenwald hindurch führt. Viel Todholz liegt herum. Dort hängt einer? Wer Lust am Grauen sucht, sollte den Anbruch der Nacht abwarten.

Da taucht nicht weniger unwirklich ein Dorf auf. Dieser Wechsel ist die Szenerie, wie wir sie aus den Märchen der Gebrüder Grimm kennen. Wald ist in vielen Märchen oft "finsterer Wald" (s. Hänsel und Gretel).

Doch trotz der vielen Hexen, Räuber, Riesen, Bären, Wölfen, Raben und schwarzen Kutschen, geht die Geschichte besser aus als gedacht.

Lichtspiele lohnen. Klassische Faszination stellen Lichtstrahlen dar, die kurz nach Sonnenaufgang durch den Altholzbestand blitzen. Wenn Sie es schaffen, so früh aufzustehen, achten Sie darauf, dass die Sonne (im Westen) auch Gelegenheit zum Durchdringen hat.

Um die Mittagszeit bis
zum Nachmittag kann
man an sonnigen Tagen
eigenartig geformte
Spotlights beobachten:
Lichtgestaltungen
in leichter Bewegung

Für die Ungewissheit, was dahinter kommt, fand Schmidt-Voigt ein Dichterzitat aus der Zeit der (ersten) Romantik:

"Wer mit gesammelten Gedanken in den stillen Fichtenwald tritt, der wird, wie sehr ihn die Freude vor Augenblicken fröhlich gestimmt hat, mit einem Mal still werden. Das ist die Allmacht der Natur, die uns, hier im dunklen ruhigen Fichtenwald, so plötzlich und so mächtig ergreift, dass wir ihr uns gefangen geben müssen. Als läge im Wald irgendwo ein großes Geheimnis verborgen, dem jeder nachlauscht, so kommt es uns vor, und zu Zeiten bleiben wir stehen mitten zwischen den alten schönen Bäumen, die das Geheimnis ergründen möchten."

Ernst Moritz Arndt (1769-1860)

Kronenmeditation

Der Blick die Stämme hinauf in die Baumwipfel bietet ungewohnte Eindrücke. Außerdem können sie die Stimmungslage heben. Wo das Kronendach von Lichthöfen unterbrochen wird und ringsum die großen Köpfe der Bäume hineinschwingen, entstehen lebendige Kreisbilder, sogenannte Mandelas. Damit machen wir etwas.

Idee

In einer Vorstufe der Meditation ging Bismarck regelmäßig unter Eichen spazieren, um aus ihnen frische Kraft zu schöpfen. Wir werden uns auf den Rücken legen und nach oben sehen. Das aus den Kronen gebildete Mandela ist eine Meditationshilfe. Es hilft, sich vom Alltag zu lösen und sich zu konzentrieren.

Vor allem ist es eine schöne ästhetische Gestalt. Man findet sie in der keltischen Spiralornamentik ebenso wie in den Glasrosetten von Kathedralen. Die Blume gilt als Urform. Das Wort stammt aus dem indischen Sanskrit und bedeutet Kreis. Wichtig ist die deutliche Mitte. Bei den Kronen ist es der durchscheinende Himmel. In Malkursen werden gerne Mandelas hergestellt. Für Kinder gibt es Bücher zum Ausmalen.

Dazu erforderlich:

- Ein möglichst hoher, das heißt alter Waldbestand. Fichten sind wegen ihrer Symmetrie und ihren geraden Stämmen gut geeignet. Aber auch Buchenkronen empfehlen sich.
- Stilles Waldstück, aber nicht zu weit vom Waldrand ent fernt, damit das An- und Abwandern keine größere Rolle im Bewusstsein spielen.
- Ein Kreis von Bäumen, der oben nicht zuviel und nicht zu wenig Himmel freigibt, so dass durch die hineinragenden Kronen ein gutes Kreisbild entsteht und der helle Himmelsausschnitt den Mittelpunkt darstellt.
- Ein angenehmer Untergrund, auf den man sich legen mag.
- Lockere Kleidung.

Etwas Wissen über Meditation:

- Aufgabe der Meditation ist die Stärkung der sogenannten inneren Mitte. "Sie ist eine einfache Methode, die hilft, sich von Spannung und Stress zu befreien, Bewusstsein zu entfalten und seine Kräfte besser zu konzentrieren" (Roy Eugene Davis, "Meditation als Lebenshilfe", 1990).

- Zu unterscheiden ist zwischen gegenständlicher und ungegenständlicher Meditation, das heißt der geistigen Meditation, die einen Meditationslehrer erfordert. Die Kronenmeditation gehört zur gegenständlichen Meditation. Andere Hilfen sind zum Beispiel Musik, Worte, Tai Chi-Gymnastik, Rhythmus des eigenen Atems, Gehen, Laufen, brennende Kerzen, Steine, fließendes Wasser, Mandelas und andere Bilder.

- Man löst sich für eine Zeitlang von allem, was einen im Alltag beschäftigt, aber auch von seinem Ich. Man tritt sozusagen aus sich heraus. Entscheidend ist die Bewusstseinshaltung, in gelöster Weise wach zu sein. Wenn die Aufmerksamkeit auf einfache Sinneswahrnehmungen gerichtet ist, wie sie oben beschrieben sind, entzieht man den belastenden Inhalten die Energie. Die neue Zuwendung muss vollständig sein. "Achtsamkeit" lautet das Schlüsselwort.

- Bei den verschiedenen Körperhaltungen kommt es nur darauf an, dass man sich gleichzeitig in passiver Weise wohlfühlen und in aktiver Weise zuwenden kann.

- Empfohlen wird die regelmäßige Übung von etwa zwanzig Minuten Dauer.

- Grundsätzlich gilt, ohne besondere Erwartungen in die Meditation hineinzugehen.

Vergleich Mandalabeispiel nach Gerda und Rüdiger Maschwitz, 1996, und Baumkronen-Mandala

48

Erleben

Vertrautmachen mit der Situation

Wir haben uns entschieden: Hier bleiben wir. Jetzt wollen wir unseren Meditationsplatz kennenlernen. Wie ist die landschaftliche Lage? Wo führen die angrenzenden Wege hin? Im Kreis der umstehenden Bäume sehen wir nach oben, um die Konstellation der Wipfel kennenzulernen. Der Himmel dahinter, wie sieht er aus? Blau, weiß, grau? Ein grauer verhangener Himmel ist für uns kein Problem. Er erleichtert sogar die Konzentration.

Auf ein oder zwei Bäume gehen wir näher zu. Wie zur Begrüßung streichen wir über die raue Rinde: "Guten Tag". Der Waldboden interessiert uns. Was ist da an Moosen, Zapfen und herumliegenden Ästen zu sehen? Wir legen einen uns störenden Ast zur Seite. Wir sehen uns die Nadelstreu bzw. das alte Laub an. Wie fühlt sich der Boden an? Bewusst treten wir auf.

Noch können wir wieder gehen.

Wir nehmen den Duft in uns auf und die verschiedenen Geräusche. Wir sind angekommen und legen uns auf den Rücken. Zwischen sich selbst und den Nachbarn sollte man einen Entfaltungsspielraum lassen.

Schon das Vertrautmachen mit einer Situation in der Natur, wie wir es tun, löst aus dem Alltag. Das ist eine andere Dimension als zu rasten.

Entspannt und zugleich aufmerksam

Zuerst versuchen wir das, was mit dem Wort Achtsamkeit gemeint ist, zu erreichen. Denn zu Anfang schießen lauter "wichtige" Gedanken durch den Kopf. Bringt man sie nicht weg, wird es nichts mit der Meditation. Dort draußen an der frischen Luft, über uns das Kronenbild, das wir mal im Ganzen, mal in einzelnen Details betrachten, sind die Chancen groß, dass sie verfliegen. Die verwendete Formulierung "selbstvergessenes Schauen" passt gut.

Ein neues Problem droht: Die Langeweile. So interessant sind Kronenbilder nun auch wieder nicht, schon gar nicht, wenn man sich über längere Zeit mit ihnen befassen soll. Die aufkommende Erregung stört. Man muss ständig nachsteuern, bis der wache Dämmerungszustand stabil wird. Er ist es, von dem die guten Wirkungen ausgehen.

Nichts anderes ist zu tun, als dem Meditationsgegenstand Wald, Stämme, Kronen mit allen Sinnen nachzuspüren. Die Art und Weise ist jedem überlassen. Man wird mit den Augen die Stämme hinauf- und hinuntergleiten, ausführlich das Kronenbild betrachten, und mit dem Rücken dem Waldboden nachspüren.

Eine Besonderheit ist, das langsame Hin- und Herwiegen der Kronen im Wind zu beobachten. Wir schwingen mit, werden ruhiger, atmen regelmäßiger, dürfen aber nicht unsere Wachheit verlieren. Kronenmandelas aktivieren die Phantasie. Handelt es sich um Riesenwesen, die die Köpfe zusammenstecken und tuscheln? Oder handelt es sich um eine Art Wiegetanz? Interessant, zu sehen, wie ein ganzer Baum von oben nach unten federt. Oben mehr, dann immer weniger, unverrückbar schließlich Stamm und Wurzeln.

Betrachten wir das Zentrum des Kronenmandelas, den durchscheinenden Himmel. Kosmos, Unendlichkeit. So große Assoziationen sollten uns nicht schrecken.

Wir schweben

Jetzt schließen wir die Augen und lassen geschehen. Die Naturgeräusche des Waldes werden noch deutlicher. Ganz still ist es

nie. Das Rascheln, Knacken und die Vogelrufe, die man sonst hinnimmt, erfüllen einen auf einmal. Das gilt vor allem für das Ziehen des Windes durch die Zweige. Achten wir auf die frische Luft, wenn wir sie einatmen. Kühl ist sie beim Einatmen und etwas wärmer beim Ausatmen. Wir folgen dem Rhythmus des Atmens. Es atmet. Sind wir eigentlich noch da? Das berühmte Urlaubsgefühl "Ferien vom Ich" scheint sich einzustellen. Wo sind wir wirklich?

Was wir gesehen hatten, dringt in unsere Vorstellung. Schon steigen wir wieder die Stämme hinauf, lassen es uns in dem Hin- und Herschwingenden des Mandela gut gehen.

Von oben sehen wir uns unten auf dem Boden liegen. Wir schweben durch den Wald und spüren wie sich gleichzeitig der Rücken fest an die Nadelstreu schmiegt.

Rückkehr

Allmählich öffnen wir die Augen und versuchen, uns zurechtzufinden. Wir blicken durch den Kreis der nahen Stämme hindurch zu den anderen bis hin zur grau-braunen Wand. Noch einmal umkreisen wir einen nahen Stamm und wieder geht es hinauf. Die ersten trockenen Äste kommen in den Blick, das Kreisbild, kurzes Verharren, Verabschiedung.

Noch immer schweben wir. Rums – lassen wir uns herunterfallen.

Langsam stehen wir auf. Erstaunlich, wie ausgreifend und federnd wir jetzt weitergehen. Nicht diskutieren, wie es war.

Foto: Alexander Seeboth

51

Wilde Büsche

In den Wirtschaftswäldern des Sauerlands tauchen öfters kleine Frechheiten auf. Direkt an den Waldstraßen kann man wilde Büsche sehen, kleine Urwälder.

Idee

Die kleinen Urwälder zählen für uns zu den Sehenswürdigkeiten des Sauerlandes. Vor den geraden Stämmen der Fichten verbreiten sie den Zauber einer anarchischen Poesie.

In den Freiräumen zwischen Weg und Wald, am Waldrand als Schutz gegen Windfall oder am Rande von Wiesen sind sie gut erreichbar. Das Problem ist nur, dass sich viele beim Näherkommen als nichtssagendes Gestrüpp entpuppen, das heißt als monotones Gebilde. Wir bleiben stehen, wo Vielfalt und Formensprache spannend werden. Wenn wilde Büsche zusammen mit Ranken, Sträuchern, Bäumen, hohen Gräsern und Moosen kreuz und quer und undurchdringlich zusammenwachsen, beginnt der Reiz des Rätsels. Dazu erforderlich: Buschwildnis, kein Gestrüpp das möglichst ringsum zu betrachten ist.

Erleben

Grüne Skulpturen betrachten

Am eindrucksvollsten sind Kleinurwälder, die freistehen. Urwald zum Drumherumgehen wie eine Skulptur. So gesehen machen wir einen Besuch in einem Skulpturenpark. Gehen wir nah heran, kann man sich nicht satt sehen an der filigranen Vielfalt. Alles ist kunstvoll miteinander verschlungen. Unten ist es reizvoll zu sehen, wie die Gräser mit den Zweigen des Buschwerks verflochten sind. Öffnungen sind da, in die schnelle fellige und langsame glatte Tiere hineinschlüpfen. Oben wippen Vögel.

Wildnis aufladen

Wir wissen, dass das Naturreservat am Wege ein Biotop ist. Man wird ein wenig neidisch auf das "wilde Leben". Wir holen es uns in den Kopf. Zu diesem Zweck stellen wir uns in einen gewissen Abstand wilden Büschen gegenüber und lassen sie auf uns wirken. Dann stellen wir uns vor, die Wildnis ließe sich in unseren Kopf verpflanzen und tun es. Unser Kopf ist groß. Die Wildnis bekommt ihren Platz.

Die Umsetzung ist einfach. In Situationen, wo wir uns gerne ursprünglicher verhalten würden, da denken wir an die Wilden Büsche.

Wie die Wildschweine

Ah und Oh am Scheuerbaum. Was wir von den
Wildschweinen lernen können. Wellness im Wald

Idee

Wellness heißt, etwas für seine Gesundheit und gleichzeitig für
sein Wohlbehagen zu tun. Oder umgekehrt. Dazu gehört die
Massage. Ob in der Sauna um die Ecke, Shiatsu oder Ayourveda,
gemeinsamer Nenner ist, dass man sich in irgend welchen
Kabinen auf eine Massagebank legen muss. Jemand knetet,
streicht und klopft auf uns herum. Tut durchaus gut, aber wir
sind in einer passiven Situation, Termine erforderlich. Die Urmassage, wie sie die Wildschweine pflegen, ist aktiv. Sie geht so,
dass man einen geeigneten Baum auswählt und sich daran
reibt. Nebenbei werden Flöhe geknackt.

Wie können wir das Scheuern am Malbaum, wie es in der
Jägersprache korrekt heißt, für uns übertragen? Ein Problem ist
zum Beispiel, dass wir keine Schwarte besitzen.

Dazu erforderlich:

- Vorübungen an Türholmen, Wandkanten oder im Dunkeln an den Eisenstangen von Verkehrsschildern, mit dem Rücken dagegenstellen und reiben.
Wir bedanken uns beim Fendstüberl in München. Die ganze Kneipe half mit vielen Ahs und Ohs Grundkenntnisse zu erwerben.
- Eine Scheuerjacke. Unsere Versuche haben ergeben, dass man sich am besten eine reißfeste Regenhaut überzieht. Zusätzliche Scheuerhose bei Ganzkörpermassage.
- Intimer Platz, wo Sie und Ihre Begleiter sich wohlfühlen und ungestört sind.
- Die Wahl des richtigen Stammes ist eine persönliche Sache. Der dicke Stamm bietet eine breite, komfortable Reibefläche. Liegt der Durchmesser zwischen 10 und 20 cm, hat man den Vorteil, gut überall hinzukommen, besonders in der Schräglage. Die Bodenfläche ringsum muss Bewegungsspielraum bieten.
- Glatte Buchenrinde für die sanfte, schuppige Fichtenrinde für die kräftige Massage.

Erleben

Grundbewegungen am Baum

Wir lehnen uns mit dem Rücken an einen ausgewählten Stamm. Die Beine sind gespreizt und unterstützen den Andruck. Sobald wir die Rinde spüren, rollen wir mit der angedrückten Schulter langsam von links nach rechts und zurück wie ein Wiegemesser. Tiefergehend tun wir gleiches mit Mittelrücken, Po und Oberschenkeln. Danach verstärken wir den Druck zwischen Schulter-

Der Scheuerbaum. Irgendwann fällt es schwer, zu widerstehen

blättern und dem Strang hinunter. Nie auf dem Rückgrat massieren, Verletzungsgefahr. Po und Oberschenkel bearbeiten wir zusätzlich, "Schwartenausgleich" vorausgesetzt.

Die Grundbewegungen für die Rückenmassage können wir beliebig wiederholen und variieren. Das Gefühl ist angenehm.

Angenehmer wird es beim zweiten Teil der Grundbewegungen. Wir spielen wieder das Wiegemesser. Der Unterschied ist jetzt, dass wir dabei kreisende Bewegungen im Uhrzeigersinn durchführen. Beim Reiben nicht zu fest andrücken. Kreisend gehen wir ständig in die Knie und strecken uns wieder. Dabei atmen wir tief ein und aus. Jetzt tut sich schon etwas.

Scheuern in der Schräglage

Das linke Bein setzen wir etwas weiter nach links, gestreckt und nur leicht angewinkelt. Das rechte Bein setzen wir weit nach rechts und gehen mit ihm deutlich in die Knie. Der Oberkörper befindet sich nun schräg zur Falllinie des Stammes. Mal mit kreisenden Bewegungen im Uhrzeigersinn, mal mit Auf- und Abbewegungen bearbeiten wir nach und nach alle Rückenpartien. Der dünnere Stamm eignet sich besser als der dickere hierfür. Man kann aber beim dicken bleiben. Neben der Rückenpartie widmen wir uns den beiden Seiten. Das kann man gut in der Schräglage.

Wir drehen uns um und nehmen uns die Vorderpartie vor. Etwas Geschick ist erforderlich. Am leichtesten ist, sich gerade hinzustellen und abwechselnd von den Seiten zur Bauchmitte hin zu streichen. Kopf zur Seite.

Arme und Beine sind immer in Herzrichtung zu bearbeiten. Aber: entsprechende Kleidung.

Der Nacken ist nicht zu vergessen. Wichtig: Hochgestellter Kragen, eventuell nur andrücken. In der Schräglage sind die Empfindungen am stärksten.

Die Umrolle

Wir stellen uns mit dem Rücken gerade an den Stamm. Die Füße sind nahe herangezogen. Den Andruck können wir mit den Händen unterstützen. Wir rollen in dichtem Kontakt bleibend drehend um den Stamm herum. Rücken, Seiten, Bauch werden gleichmäßig durchgewalkt.

Dabei führen wir wieder kreisende oder Auf- und Abbewegungen durch. Dicke Stämme sind gut geeignet. Man kann die Umrolle mit der um sich selbst kreisenden Erde vergleichen, während sie auf der Umlaufbahn um die Sonne ist. Führen Sie die Beinarbeit immer locker und im Rhythmus des Atems durch.

Damit Sie nicht schwindelig werden, wechseln Sie die Rollrichtung. Wenn Sie sich für eine Umdrehung ausreichend Zeit nehmen, genügen drei bis vier Umrollen. So weit die Technik der Urmassage.

Gemeinsames Stöhnen

Bei der Arbeit am Scheuerbaum brauchen wir nicht stumm zu bleiben, falls uns danach ist. Wo sonst als im Wald besteht die Gelegenheit, laute gemeinsame Stöhnlaute von uns zu geben. Bedingung ist, dass eine Gruppe mit augenzwinkernder Fröhlichkeit zusammen ist.

Einer am Baum fängt an, andere fallen ein, wollen sich gegenseitig übertreffen, Ah und Oh im Chor. Alles muss raus.

Ausblick

Von Wildschweinen können wir in der Zukunft noch mehr lernen. Zum Beispiel, dass sie Fangobäder viel natürlicher nehmen als wir es aus den Kurorten gewohnt sind.

Buchen für die sanfte
Urmassage

Auf verwunschenen Waldwegen

Der Lebensraum des Wanderers ist der Weg. Der Weg ist sein Biotop. Viele der ausgewiesenen Wanderwege sind breite Forststraßen in hervorragendem Zustand, "Waldautobahnen" genannt, eigentlich das Biotop der Sattelschlepper, Hebekranfahrzeuge und der anderen Eisentiere. Sie können sich hier "artgemäß" verhalten. Soviel Tonnen können wir gar nicht zu Boden bringen, um den Vorzug dieser Wege wirklich zu schätzen. Biegen wir ab.

Idee

Die Kunst des Freuens ist die Kunst des Abbiegens. Wenn wir abbiegen und wieder abbiegen und uns weder vor dem Verirren noch vor seltsamen Begegnungen fürchten, ist die Wahrscheinlichkeit groß, dass wir auf ein Wegeparadies stoßen. Das kann ein Weg sein mit üppiger Seitenvegetation mit einem Mittelstreifen aus Gras, eine gewundene Linienführung, wo man gespannt ist, was wohl um die Ecke kommt (Prinzip verdeckende Kanten), grüne Gewölbe, begleitende Freiräume wie zum Beispiel Waldwiese, Bachufer, Aussicht und als romantische Höchstform überwachsene Holzabfuhrwege.

Man findet sie weniger auf den Kämmen, sondern eher in den Landschaftseinschnitten und entlang der Bachläufe, überall, wo Pferd und Wagen damals einigermaßen durchkamen. Holz wurde früher von oben nach unten gezogen, heute mit der Motorwinde von unten nach oben.

Die schönsten Wege sind die Grünwege, das heißt die, die sich die Natur wieder zurückerobert hat. Im Gegensatz zu den vegetationslosen Hauptstrecken befinden wir uns mitten in der Natur und sind doch brav auf den Wegen geblieben. Natürlich sind sie unwegsam. Aber auf ihnen versucht man nicht zu wandern oder spazierenzugehen. Man "wanzt", die Kombination aus Wandern und Faulenzen. In den Wäldern des Sauerlands findet man eine Unzahl verwunschener Waldwege.

Dazu erforderlich:
- Nicht irgendwo hin wollen
- Schnell reagieren, wenn eine vielversprechende Abzweigung auftaucht.

- Gelassenheit bei Fehlversuchen
- Leichte Wanderschuhe oder Turnschuhe mit flexibler Profilsohle, damit man guten Halt hat.
- Gute Wanderkarte, damit man wieder zurück findet, sie auch lesen können. Wer auf sich hält, hat schon eine e-map bzw. einen Fußgänger-Navigator (Taschencomputer mit allen Wegen, Zieleingabe und man ist wieder auf seinem Parkplatz).

Erleben

Ungewissheit und Überraschung wollen

Vor dem Wegeparadies steht die Ungewissheit. Was man so sieht, kann es doch nicht sein. Vergebliche Suche steht neben Überraschung. Schon am Waldeingang kann man Glück haben. Manchmal erkennt man erst wieder zu Hause, was für einen Garten Eden man ausgeschlagen hatte. Ein Weg, der gefiel, tut es beim zweiten Mal noch mehr. Wege verändern sich, Einstellungen, Jahreszeiten. Suchen und mögliches Scheitern erhöhen den Reiz.

Am besten ist es, nur so durch die Landschaft zu "wanzen" und plötzlich ...

Schwelgen in der Artenfülle

Was uns freut, ist das Leben auf den fünf Wegebausteinen: Trasse, Seitenstreifen, Entwässerungsgraben, Böschung, Bestandsrand. Schon die unmittelbare Zone entlang von in Betrieb befindlichen Waldwegen bietet eine ungeahnte Vegetationsfülle.

Der Auswertungs- und Informationsdienst für Ernähung, Landwirtschaft und Forsten hat sich mit den Waldwegen allgemein beschäftigt, "Waldwege - ein eigener Lebensraum", 1997:

"Die Vielzahl an Pflanzenkombinationen längs der Wege ist unübersehbar, wechselt doch das Arteninventar auf kurzer Strecke in Abhängigkeit von den angrenzenden Beständen – ob nun Laub oder Nadelbäume, Dickungen oder weitständiges Baumholz – ebenso wie vom Wegprofil, das geländegleich, im Anschnitt, im Einschnitt oder ausgehöhlt läuft. Dementsprechend abwechselungsreich und manchmal auch überraschend in seiner Zusammensetzung zeigt sich der Bewuchs.

Insgesamt lässt sich allein längs der Fahrwege, das heißt ohne Schneisen und unbefestigte Rückewege, ein Mehrfaches an Pflanzenarten finden von dem, was sonst in ungestörten Waldbeständen auftritt.

Bei Untersuchungen der Waldwegflora in mehreren Waldgebieten fanden sich zwischen 113 und 159 Arten von Farn- und Blütenpflanzen pro qm[3]."

Das heißt: Wer die eindrucksvollen Wegeränder übersieht, war nicht im Wald. Unser Buch ist zwar kein Bestimmungsbuch, aber die wunderbaren Pflanzennamen, die der Informationsdienst zusammengestellt hat, sollte man sich auf der Zunge zergehen lassen:

"Waldweidenröschen, Roter Fingerhut, Fuchskreuzkraut, Tollkirsche, Holunder, Waldschilf, Klee, Königskerze, Dürrwurzatlant, Bunte Kronwicke, Nelkenwurz, Springkraut, Große Brennnessel, Binsen, Brennender Hasenfuß, Wasserpfeffer, Ackerminze, Wasserstern, Schafgarbe, Löwenzahn, Bärenklau, Wiesenlaubkraut, Glatthafer, Welliges Honiggras, Blutwurz, Feldhainsinn, Heidekraut, Rispenkraut, Vogelknöterich, Kamille".

Ähnlich reichhaltig ist die Tierwelt, die bestimmt wird von Insekten, Vögeln, Kleinsäugern, Eidechsen, Fledermäusen und vielen mehr. Beim Thema Arten hören wir immer Verarmung, Aussterben und rote Liste. Um so mehr freuen wir uns, einmal in einer Fülle zu schwelgen zu dürfen.

Gewölbewege,
ein Hauch von
Ungewißheit

Überraschung

Sonnenflecken und "Wolkengras"

Zwei Sinneserlebnisse möchten wir herausstellen. Das eine erfreut die Augen, das andere die Füße.

An sonnigen Tagen zählen grüne Gewölbe zu den Höhepunkten eines Waldbesuchs. Bäume haben sich in einer Art Bogenpergola über den Weg gespannt. Darunter ist es etwas dunkler. An offenen Stellen dringen durch das Gewölbe wie kleine Spotlights Sonnenstrahlen hindurch. Sie bedecken der Boden mit sogenannten Sonnenflecken. Fährt etwas Wind durch die Zweige, irrlichtern die Flecken über den Weg. Kleine graue Schmetterlinge, das Waldbrettspiel, schwirren um die Lichter herum. Das sind die umkämpften Reviere der Männchen.

Stadtfüße, die die karge Kost von Asphalt und Beton gewöhnt sind, lieben es, einmal wie auf Wolken zu gehen.

Solche Wege haben manchmal eine eigene Topographie. Zum Teil ahnt man die alten Fahrspuren, gelegentlich kleine Tümpel bildend. Woanders sind Aufwölbungen entstanden. Man lernt wieder, die Füße zu heben. Auf einem überwachsenen Weg muss man sich seinen Pfad suchen.

Die Zeit fühlen

Am Rand von Grünwegen mag man eine Weile bleiben. Für das Bayerische Wirtschaftsministerium, Referat Tourismus, stellten wir in einer qualitativen Befragung die Frage: "Natur kann man erleben, wenn man sie durchwandert oder indem man längere Zeit in ihr verweilt. Inwieweit erlebt man Natur anders, besser, wenn man längere Zeit irgendwo bleibt? Was ist schöner dabei?" Hier ein Strauß anregender Antworten:

"Wenn man in der Natur länger bleibt, dann kommt man mehr zu sich selbst, Gedanken, Träume, Wünsche kommen, gibt ein Gefühl von Zufriedenheit, Freiheit, Ausgeglichenheit, man kann besser Entspannen als beim Durchlaufen, die Alltagssorgen vergehen, man wird ruhiger und hat nicht das Gefühl, etwas verpasst zu haben, man lässt sich treiben, in der Stille der Natur tankt man viel Kraft fürs Leben, das Empfinden ist sehr schön, beruhigend und macht Freude, in der Natur könnte man meinen, dass die Welt in Ordnung ist."

"Man erlebt die Landschaft viel intensiver, nicht oberflächlich, weil man selbst in Ruhe ist, man ist nicht abgelenkt wie beim Wandern, das Aufnehmen der Natur ist intensiver, wenn ich ohne Zeitplan bin, es ist weniger strapaziös, wenn ich länger bleibe, weil sich das Auge auch an die Umwelt gewöhnen muss, Anregung der fünf Sinne. Beim Sitzen sind alle Sinne angesprochen, man wird vertrauter, man bekommt bessere Beziehung dazu, wenn man länger an einem Ort bleibt."

"Interessant ist der Wechsel eines Bildes, die gleiche Landschaft zu verschiedenen Tageszeiten und Wetterlagen."

"Wenn ich länger dort bin, ist die Erinnerung größer, weil ich auch mehr zu sehen bekomme, durch längeren Aufenthalt nimmt man mehr Eindrücke mit, man muss die Natur genießen, indem man verweilt, denn beim Durchlaufen übersieht man vieles, man vergisst rasch wieder."

Die Zeit fühlen ist vergleichbar mit einem ganz tiefen Atemzug. Es berührt das, was unter Muße im ursprünglichen Sinne verstanden wird. Sie ist ein zweckfreies, harmonisches Verhalten. Sie steht im Gegensatz zur Arbeit und den mit Arbeit in Beziehung stehenden Beschäftigungen wie Erholung, Vergnügen, Sport. Nur in der Muße ist für Aristoteles die wahre Glückseligkeit zu finden.

Historischer Weg
über eine Anhöhe, den
sich die Natur
zurückerobert hat

Waldinnenränder zählen
nach einer Studie zu
den beliebtesten Wege-
führungen. Es reizt die
Verbindung von offener
und geschlossener
Landschaft

Power walking über Berg und Tal

Wollen Sie das Auf und Ab der schwingenden Landschaft richtig körperlich erfahren? Mit allen Poren? Dann gibt es nur eins: Power walking

Idee

Landschaft erspüren und an die eigene Grenze kommen, das ist unser Erlebnisvorschlag.

Surft man regelmäßig durch die Landschaft, dann kann man mit gesundheitlichen Vorteilen rechnen, wie sie Udo Tschimmel und Herbert Taphorn in "Power Walking", 1994, beschrieben haben:

Regelmäßiges Power Walking
- verlängert Ihr Leben
- lässt Sie gesund bleiben
- lässt überflüssige Pfunde verschwinden
- verbessert Ihr mentales Wohlbefinden
- macht Sie optimistischer
- erhöht Ihre Widerstandskraft gegen Stress
- steigert Ihre gesamte Leistungsfähigkeit und Ausdauer
- macht Ihren Körper gelenkiger

- verbessert die Kondition der wichtigsten Muskeln
- trainiert Herz und Lunge optimal
- senkt beträchtlich das Risiko von Herzerkrankungen
- stärkt das Immunsystem und die Abwehrkräfte
- hilft bei der Reduzierung von übermäßigem Blutzucker und Cholesterin
- hilft bei der Kontrolle von Zivilisationskrankheiten wie Bluthochdruck, Arteriosklerose, Kopfschmerzen, Rückenschmerzen
- kann unter Umständen dem Knochenschwund (Osteoporose) entgegenwirken
- hält die Beinvenen jung und löst Venenprobleme
- beeinflusst Schlaf und Verdauung positiv
- macht auf die Dauer 10-20 Jahre jünger. Dagegen kann man nichts haben.

Dazu erforderlich:
- Rundstrecke je nach Lust und Leistungsfähigkeit, unbedingt wieder am Ausgangspunkt ankommen

- Abwechslungsreiche Wegeführung, häufiges Auf und Ab, keine langen Steigungen oder ewige Geraden, zu steile Anstiege vermeiden, mal Wald, mal Wiesentäler.
- Gesund und ausgeruht an den Start, Power walking über Berg und Tal stellt andere Anforderungen als in der Ebene.
- Ausrüstung: Wander- oder Turnschuhe mit guter Dämpfung und Profilsohle, zwischen Ferse und Ruhefuß muss ein Bleistift passen (Fuß dehnt sich bei Belastung bis zu einer Schuhgröße aus), enganliegende Socken, atmungsaktive Kleidung, Hüfttasche oder Kleinrucksack für Mineralwasser, Snacks, eventuell Wechselhemd. Nichts in der Hand tragen. Teleskopstöcke sind nicht erforderlich, haben aber viel für sich: Zusätzlicher Einsatz der Arme, man hat auf einmal "vier Beine" (Reinhold Messner), unterstütztes Gehen wie beim Skilanglauf, bergab gute Abfederung der Gelenke, bei Asphalt- oder fester Schotterdecke Gummipfropfen auf die Spitzen setzen, zwei Stöcke nehmen.

Erleben

Ouvertüre

Wir nehmen uns einen schnellen Walk über Berg und Tal von drei Stunden vor. Die Landschaft wird uns nicht allmählich Stück für Stück, sondern schnell und ganzheitlich begegnen. Wir werden spüren, dass wir einen Körper haben. Rund 60 Stunden verbringen wir in der Woche nach Tschimmel und Taphorn sitzend auf Stuhl, Sessel und Sofa, den Autositz nicht mitgerechnet.

Die Zeit, bevor es richtig losgeht, dient dem Übergang: Anfahrt, Ankommen, die Kleidung einrichten, den Weg ansehen, ein paar Dehnungsübungen. Die ersten fünf bis zehn Minuten in

Etwas Wissen über Walking-Technik

- Vorher und hinterher viel trinken und etwas auf der Strecke
- Aufrechte, lockere Körperhaltung, insbesondere in der Schulter, Knie nicht ganz durchgedrückt, entspannte Gesichtsmuskeln
- Anfangs normales Gehtempo, dann auf Power Walking umschalten
- Dabei die Unterarme auf 90° zum Oberarm anheben und sich mit dem Schwung der Arme regelmäßig nach vorne ziehen. Werden Teleskopstöcke verwendet, endet der Schwung mit einem deutlichen nach vorne befördernden Abdruck in den Boden.
- Bei Erschöpfung nicht stehen bleiben, sondern langsam weitergehen oder nach einer Steigung auf dem Plateau einige Minuten hin- und hergehen. Bewusste Atmung, zum Beispiel zwei bis drei Schritte einatmen, drei bis vier Schritte ausatmen. Kürzere, aber schnellere Schritte als beim normalen Wandern, wird es steil, kleinere Schritte machen.
- In einen Rhythmus kommen.
- Wer noch wenig Kondition hat, beginnt mit langsamem Power walking und einer halben Stunde.

67

der normalen Wandergeschwindigkeit gehen. Die Ouvertüre verpassen wir, wenn wir den Übergang nur als "notwendig" betrachten. Stellen Sie sich auf diese noch ruhige, aber spannungsvoll knisternde Zeit extra ein. Visualisieren Sie, was Sie erleben werden und freuen Sie sich darauf.

Stunde eins: Die Schritte fliegen

Los geht's. Wir schalten um auf Power Walking. In der noch frischen Anfangsphase werden angeregte Gespräche geführt. Die Blicke schweifen durch die Natur. Die Ästhetik der schwingenden Landschaft teilt sich bewusst mit. Der Kopf regiert. Noch!

Spätestens nach einer halben Stunde hat der Körper seine volle "Betriebstemperatur" erreicht. Wir spüren das Spiel der Muskeln. Schon sind wir über die nächste Kuppe. Die Schritte fliegen. Wanderer tauchen vor uns auf. Ehe sie den Kopf schütteln, sind wir vorbei.

Stunde zwei: Die Stunde der Wahrheit

Der Blick verengt sich. Die Gespräche reduzieren sich auf Stichworte. Mit stampfenden Kolben arbeiten wir in schwerer See. Muskeln und Kreislauf sind in Aufruhr. Zurück zum sanften Wanderschritt? Wie von selbst pendelt sich der Organismus auf das höhere Belastungsniveau der zweiten Stunde ein. Der Anstrengungsschmerz lässt nach. Wir fühlen uns gut. Mitbewirkt haben das die körpereigenen Opiate, die Endorphine, die der Körper jetzt auszuschütten beginnt. Genannt: "Runner's high". Haben Sie aber keine übertriebenen Erwartungen.

Der Puls darf folgenden Wert nicht überschreiten: 220 minus Lebensalter und davon 60-70 Prozent. Seitenstechen ist ein Zeichen von unregelmäßigem Atmen. Kurz stehen bleiben, Stelle massieren, weiter. Wir dampfen und kochen durch die Landschaft.

Stunde drei: Und durch

Das Schönheitsmittel Nummer eins, der Schweiß, läuft und läuft. Wir werden immer schöner.

Auf einmal tritt trotz ordentlicher Atemtechnik die sogenannte Sauerstoffschuld ein, der tote Punkt. Wir glauben: aus, Ende. Vorausgesetzt, wir haben uns weder über- noch unterfordert, kommt er bei Dreiviertel der Strecke. Ertragen Sie ihn. Deswegen sollte man grundsätzlich nicht stehen bleiben, weil die Verdunstungskälte zusätzlich zur herabgesetzten Immunabwehr Erkältungen begünstigt. Außerdem ist es schwer, die erkalteten und erschöpften Muskeln wieder in Bewegung zu bringen.

Nach ein paar Minuten sind wir wieder auf der Rolle. Die Beine sind und bleiben aus Gummi.

Da "zieht" das Ziel. Noch einmal laufen wir zur großen Form auf. Schön und schade: Vorbei!

Die Zeit danach

Nun kommt die Belohnung. Wir kosten das Glück des überwundenen Widerstands aus (Flowerlebnis). Ein wenig gehen wir noch hin und her, um den Organismus zur Ruhe zu bringen.

Dann kommt die Dusche. Sonst eine eher neutrale Handlung, erleben wir nach einem Berge-Täler-Walk wahre Wasserwonnen. Wieder viel trinken (zum Beispiel Apfelschorle).

Ein guter Ausklang ist, sich irgendwo noch gemütlich zusammenzusetzen.

Wildwetterwandern

„Auffrischender Wind und starke Niederschläge..."
Fertigmachen zur Wildwettertour

Idee

Der Reiz, bei Regen und Sturm zu einer Wanderung aufzubrechen, ist der Reiz des Abenteuers: Naturgewalten toben, mal ein bisschen mehr, mal weniger, schlechte Sicht, das Vorankommen ist erschwert. Eine gewisse Gefahr ist vorhanden. Man kann abrutschen, stürzen, verdrecken und sich ordentlich erkälten.

Wie jedes Abenteuer hat die Wildwetterwanderung eine sentimentale Seite. Gemeinsame Bedrohung von außen schweißt zusammen, Kameradschaft entsteht. Wildwetterkameraden halten auch sonst zusammen.

Regenlieder wie: "I'm singing in the rain" gibt es. Eine eigene Regenromantik lässt sich ausmachen, zum Beispiel malerisch tosende Bäche, Regenbögen, Regenperlen an Grashalmen.

Während des Regens, wo alles in Wasser getaucht ist, kann man sich am Grunde eines Sees vorkommen, von dem aus die Bäume als Riesenwasserpflanzen nach oben wachsen.

Dazu erforderlich:

- Sogenannte Wetterverschlechterung, Tiefdruck, Regen, nicht Nieselregen, Gewitter oder Hagel, ideal: Landregen.
- Aufgelockerte Landschaft mit freistehenden Baumgruppen, Wiesen, Gewässer, Laubwälder sind dramatischer als Nadelwälder.
- Westhänge, größerer Regeneinfall als im Osten (Regenschatten).
- Ausrüstung:
  – Atmungsaktive Regenkleidung, aber keine Abschottung wie unter Taucherglocke, gutes Design, das heißt weder Vogelscheuchen- noch Clownslook, keine laut raschelnde Kleidung (nervt), keine Kapuzen als Kopfbedeckung (sehen komisch aus, sinken ins Gesicht, lärmen am Ohr).
  – Atmungsaktive Stiefel mit Nässeschutz und Profilsohle
  – Teleskopstöcke, wenn in unebenes, rutschiges Gelände gegangen wird
  – Regenbrille für die Fälle, wo der Wind den Regen von vorne in die Augen treibt, zum Beispiel Schwimmbrille, Fahrradbrille mit Antibeschlagbeschichtung
  – Regengeschützte Kameras, starker Blitz für Fotofreunde
  – Schutz gegen Erkältung, immer in Bewegung bleiben, nie lange stehen bleiben, am Schluss sofort ins Trockene
  – Gemütliches Ziel, auf das man sich während der Wildwettertour freut

Erleben

Wenn es windet

Der Himmel flackert, Menschen und Tiere flüchten. Gehen wir vom Landregen aus. Tropfengrößen von 1-3 mm erwarten uns. Das ist viel. Sie werden mit 4-6 mm nur vom Platzregen über-troffen, von dem man wegen seiner Kürze wenig hat. Sogenann-ter Sprühregen hat 0,06-0,6 mm und das sogenannte Nebel-nässen 0,006-0,06 mm. Je dicker die Tropfen, desto größer die Fallgeschwindigkeit.

Seien Sie möglichst vor dem Wolkenbruch draußen bzw. lassen Sie alles stehen und liegen, wenn es ungewöhnlich zu winden beginnt. Der dramatische Auftakt gehört zum Wild-wettererlebnis.

Rechtzeitig an Ort und Stelle ist es noch ganz hell. Irgend-wann bezieht sich der Himmel. Dunkle Wolken jagen, kurven kreuz und quer und in Halbkreisen. Die mal zugedeckte, mal offene Sonne macht den Eindruck eines flackernden Lichts. Das ist das Alarmsignal. Man spürt die Spannung in der Natur. Die jetzt niedrig fliegenden Insekten ziehen die Vögel herunter. Viele suchen bereits geeignete Zweige auf. Die Hunde auf den Spa-zierwegen streben nach Hause. Ihre Besitzer folgen im Schnellschritt.

Während es dunkler wird, lärmt es in Bäumen und Büschen. Der Wind verstärkt sich und drückt auf den Körper. Staub wird aufgewirbelt. Immer mehr Menschen im gemäßigten Laufschritt kommen einem entgegen. Allmählich werden es weniger. Erste Spritzer. Alles hat sich in Sicherheit gebracht. Wir sind allein.

Das große Schütten

Minuten später wirbelt das Wasser herunter. Heultöne fahren am Ohr vorbei. Ein Kneipp'scher Blitzguss trommelt ins Gesicht. Das wilde Nass rüttelt an den Schultern und lupft an der Boden-haftung. Wir stemmen uns nach vorn, finden unseren Tritt. Das sogenannte Flow-Erlebnis (Csikszentmihalyi) regt sich. Es ist das beglückende Gefühl, Anforderungen zu überwinden, eine nach der anderen. Eine erste Strecke haben wir hinter uns.

Die Landschaft ist in Bewegung. Bäume und Büsche neigen sich hin und her, Sträucher drehen sich. Das grüne Ballett tritt auf. Darüber schießt es grau-bräunlich hinweg. Die niedrigen schnellen Nimbostratus-Wolken sind in Aktion. Das sind die Regenwolken.

Hat unser Weg Fahrspuren und Löcher, sind sie jetzt mit Wasser aufgefüllt. Randbegehungen und Sprünge über die Pfützen haben sich irgend wann erledigt. Unzünftig ist die Wildwetterwanderung auf Schotter oder Asphalt.

Nicht entgehen lassen sollte man sich das Schauspiel überfließender Bäche.

Auf den Wiesen wartet ein Bild, von dem wir lernen können. Schafe und Kühe fressen unbeeindruckt von den niedergehenden Wassermassen einfach weiter.

Regenpoesie

Das große Schütten ereignet sich in Wellen, die sich irgend wann ausgleichen. Es regnet sich ein. Als Anregung einige unserer Beobachtungen:

Beispiel eins betrifft den Regennebel. Eine Senke ist mit flockigem Grau erfüllt und lagert sich wie Sahne auf Kuchen auf den Wipfelreihen.

Lohnend ist der Ausblick auf einen gegenüberliegenden bewaldeten Berg. Dort kann man senkrechte mehrere Hundert Meter hohe weiß-graue Nebelrollen sehen. Sie sind in Bezug auf ihre Größe schmal. In der Windrichtung drehen sie sich um sich selber um den Bergkegel herum. Begonnen aus dem Nichts, verlieren sie sich auch in das Nichts. Eine Rolle folgt schnell der anderen. Jede sieht etwas anders aus und wälzt sich mal weiter oben, mal weiter unten um den Berg. Leicht und spielerisch sieht das aus. Nebelwesen scheinen das zu sein, die um den Berg herumtanzen.

Wildwetterwanderer im Vorbereitungstraining

Beispiel zwei: An den Böschungen entlang der Wege sieht man häufig den stumpfen grau-braunen Schieferfelsen, sogenannten Faulschiefer, an die Oberfläche treten. Das Auge nimmt ihn im Vorbeigehen bei schönem Wetter als interessante optische Bereicherung mit, mehr nicht. In Wasser getaucht und wenn es wieder ein wenig heller ist, glänzt und funkelt das Stück Schieferfelsen. Es wirkt dann wie ein Edelstein von ungewöhnlichem Ausmaß. Das dunkelgrüne Moospolster, das ihn umgibt, ist die samtene Schatulle.

Beim dritten Beispiel wollen wir wie immer die Füße nicht vergessen. Schuhe aus und en kleines Stück auf nassem Laub gehen, auf Gräsern, Erde, Moos und durch Pfützen hindurch. Barfuss im Regen bleibt im Gedächtnis. Danach kann man wieder lange auf städtischem Asphalt herumlaufen.

Zum Schönsten, was Regenpoesie bieten kann, gehören Waldwiesen, unser viertes Beispiel. Die hohen gebogenen Gräser hängen voller Regenperlen. Während es auf sie nieder strömt werden sie größer, fallen ab, neue bilden sich. Einen intensiven Eindruck gewinnt man, wenn man die Perlen nicht von oben, sondern von unten auf sich wirken lässt, also in Verbindung mit dem Regenhimmel. Wir legen uns ein paar Minuten ins tiefe Gras, so, dass sich die Halme über dem Gesicht schließen. Die abgeworfenen Perlen sind im Nu wieder da. Von ganz nah betrachten wir sie, wie sie in exakten Abständen an den Gräsern herunterhängen. Durch die Halme hindurch sehen wir weit hinauf und betrachten die Menge der sanft herabschwebenden Tropfen.

Eine Welt für sich tut sich auf, nimmt einen gefangen, versetzt einen fast in Trance. Man muss sich einen Ruck geben, um wieder aufzustehen.

Es bleibt nicht so. Auf einmal ist alles wieder in Aufruhr. Waagerecht kommen uns die Wasserwirbel entgegen.

Beim Wildwetterlatein

Das trockene Ziel, wo mit roten Gesichtern die Erlebnisbeute besprochen wird, ist der krönende Abschluss einer Wildwettertour. Nichts animiert die Phantasie so sehr, wenn andere dabei sind, denen soviel entgangen ist.

Die Oktoberbande

Hotelier und Wanderführer Knoche-Rimberg (Hotel Knoche-Rimberg, Schmallenberg, Hochsauerland), plante in einem Oktober ein Picknick im Wald. Angestellte hatten am vorgesehenen Platz schon alles vorbereitet. Als die Gäste mit ihm nach einer Wanderung den Picknickplatz erreichen, geht anhaltender Regen nieder. Fünf Personen von der Wandergruppe fahren mit den Fahrzeugen zurück ins Hotel. Die restlichen fünfzehn reizt das Abenteuer. Auf dem Marsch zurück, verlässt sie nach 15 Minuten der Mut. Kleinlaut stellen sie sich in einem Fichtenbestand unter. Doch dort ist es auf die Dauer zu langweilig. So ziehen sie weiter. Sie erleben alles, was einem bei einer Wildwetterwanderung widerfahren kann. Da sie kleidungsmäßig nicht darauf eingerichtet sind, trifft sie die volle Nässe. Einige gleiten aus. Eine Dame mit vollgesogener Flanellhose muss dringend abseits in den Wald. Die weitergezogene Gruppe hört nach einiger Zeit Hilferufe. In wenig geordneter Kleidung und mehr hüpfend als gehend kommt ihnen die Dame entgegen. Sie hatte die verfilzte Hose nicht mehr nach oben ziehen können. Gemeinsames Hauruck, Stimmung.

Endlich erreichte die Gruppe das Hotel. Sofort ging es in die sogenannte Bauernstube. Durchnässt und verdreckt, wie man war. Nun wurde erzählt. In bester Laune saß man noch bis Mitternacht zusammen. Drei von ihnen hatten die Nerven verloren und sich zwischenzeitlich umgezogen. Nach längerem Hohn und Spott waren sie wieder in der Gemeinschaft aufgenommen.

In den folgenden Tagen blieb die Gruppe zusammen und führte noch viele Unternehmungen durch, die abends immer wieder besprochen wurden.

Bei der Verabschiedung hieß es: "Kommt ihr auch wieder im Oktober?" Das tun sie inzwischen seit zehn Jahren und nennen sich: Die Oktoberbande.

Kreativwerkstatt Wald

Wo kann man am besten Probleme lösen, Konzepte erstellen und Visionen finden? In der engen, routineerfüllten Welt von Schreibtisch und Besprechungsraum sind die Chancen guter Ergebnisse gering, sagt eine Studie (Die Welt, nach HelfRecht-Planer, 1998). An der Kernzelle Arbeitsplatz (Büro, Labor etc.) entstehen nur vier Prozent der Ideen. 76 Prozent entstehen außerhalb: Natur, Freizeit, Urlaub und Reisen.

Idee

Im Wald finden wir die für kreative Aufgaben günstige Mischung aus zugleich beruhigender und stimulierender Situation. Macht man es sich zur Gewohnheit, anstehende Vorhaben und Projekte, die nicht mit "Wenn-dann-Erfahrung" gelöst werden können, doch anzugehen, muss man sich absetzen. Unproduktive Denkmuster erscheinen aus der Entfernung weniger festgefügt, ob im Team oder allein.

Dazu erforderlich:
- Gute Vorbereitung zum Thema, schon einmal darüber nachgedacht haben, ohne Festlegung, Konzentration auf eine zentrale Frage innerhalb der Thematik.
- Ohne Aufwand erreichbarer Ort des kreativen Geschehens, angenehme Waldsituation mit mäßigen Reizen, so dass sie nicht ablenkt, Hütte als Standort ist ideal, oder nur Spazieren gehen.
- Je nach Fragestellung empfehlen sich ein halber bis zwei Tage am Stück und zu wiederholten Malen (Zeitaufwand ist insgesamt kürzer als bei konventionellen Bemühungen).
- Allein oder im Team entscheiden, Alleinarbeit ist leichter zu organisieren, besser für Zusammenhänge, nähere Ausgestaltungen, ungewöhnlichere Ideen, Team produziert mehr Ideen, kann sich gegenseitig beflügeln, bewertet besser, kreative Führung erforderlich, in Form eines Moderators.
- Gute Protokollierung, zum Beispiel auf Block, Diktiergerät, Tafel. Was nicht festgehalten wird, geht nach einer Untersuchung zu 70 Prozent verloren, wichtige Ideenentwürfe sind ausführlich, nicht in Stichworten notieren. In Training halten.

Erleben

Warming up

Erleben? Kreatives Denken ist erlebendes Denken. Man muss sich mit der Ist-Situation so identifizieren, dass sie als persönlich unangenehm erlebt wird. Gleiches gilt für die Soll-Situation, die man noch nicht kennt, nur soviel, dass ein strahlendes Ziel zu erreichen ist. Eine bekannte Übung ist, für sich selbst oder ein ganzes Team die produktive Unzufriedenheit zu schüren. Eine emotionale Spannung zwischen Ist und Soll ist herzustellen.

Dabei darf man nicht verkrampfen. Eine motivierte, lockere und spielerische Stimmungslage muss sich mit dem kämpferischen Aspekt verbinden. Einfache Mittel helfen, zum Beispiel mit Tannenzapfen auf Stämme werfen oder ein wenig Herumblödeln.

Erst die Problemanalyse

Nicht gleich auf irgendwelche Ideen losstürzen. Die Verzögerung der künftigen Befriedigung wirkt sich auf die Lösungsqualität aus. Die Analyse des Problems ist vorzunehmen. In einem Team wird jemand diese Aufgabe übernehmen. Analyse gilt als quälend, weil behindernd. Sie legt aber mögliche Lösungsrichtungen fest und reduziert Fehlversuche. Nicht ohne Grund heißt es in den Sprüchesammlungen: Eine gute Analyse ist die halbe Lösung. Folgende Punkte lohnt es zu klären:

- Worum geht es eigentlich
- Wo genau liegt das Problem
- Unsere Stärken und Schwächen
- Handlungsspielraum
- Was liegt uns

Sind wir uns darüber klargeworden, speichern wir die Punkte ab und denken nicht mehr daran. Es sei denn, während des kreativen Prozesses ergeben sich neue Aspekte.

Horrorphase Inkubation

Will man die gute Lösungsqualität steigern, ist der kreative Prozess über lange Zeit ein Agieren in schwerem Gelände, weil man Naheliegendes und Übliches verwirft. Man kommt nicht voran. Das berühmte leere erste Blatt Papier zeigt das. Diese Phase nennt man Inkubation (Entwicklung, Reifezeit). Man glaubt auf der Stelle zu treten. Doch es geschieht eine intensive Einwirkung auf das Unterbewusstsein. So dass sehr wohl eine Entwicklung und Reifung vorangeht. Die meisten können die unbefriedigende Lage nicht lange ertragen und wollen aufgeben. Das bedeutet im besten Fall: etwas Mittelmäßiges.

Um erfolgreich aus der Inkubation hervorzugehen, gibt es ein paar Hilfen. Zunächst sind thematische Vorbereitung und Analyse eine Art Vor-Inkubation, weswegen sie nicht unwichtig sind. Günstig ist, nicht mit hellwachem Bewusstsein und punktueller Konzentration an die Aufgabe heranzugehen, sondern mit leicht herabgesetztem Bewusstsein und mit verteilter Konzentration wie bei einem Radarschirm.

Wie suchen wir? Da ist die Aufgabe und die Blockierung. Alle Arten von Anregungen können uns hinüberhelfen. Sie werden praktisch mit der Aufgabe kombiniert. Kreatives Denken ist ständiges Kombinieren. Wald und Natur bieten Anregungen, Beispiel Libelle-Hubschrauber. Von der Natur lernen, ist die sogenannte Bionik. Das frische Waldumfeld sorgt für Energie und entspannt in den notwendigen Pausen.

Dann ist es jedes Mal wie ein Wunder

Auf einmal brechen die Lösungsideen wie aus dem Unterholz hervor. Scheinbar ohne eigenes Zutun. Man ist jedes Mal überrascht. Regelrechter Jubel kommt auf. Außenstehenden wird ungern von der vorausgehenden Inkubation erzählt, die durchzumachen ist. Sie ziehen den nicht ganz richtigen Schluss: Man kann es oder man kann es nicht.

Ideen aller Art kommen, einfache, komplizierte, verrückte und völlig abseitige. Man sollte schon ein wenig bewerten, aber nicht den Ideenfluss behindern. Selbst eine sehr brauchbar scheinende Lösung darf nicht zufrieden stellen. Wer weiß, was noch kommt. Darum sollte man immer weiter produzieren und nur dann eine Pause machen, wenn die Teilnehmer erschöpft sind. Danach fortfahren, bis endgültig nichts mehr geht. Wo eine auffallende Lösungsqualität zu erkennen ist, das ist sofort näher auszugestalten. Im Falle eines Teams muss wegen der allgemeinen Ungeduld besonders darauf geachtet werden.

Was ist Lösungsqualität? Es ist nicht die Leichtigkeit der Umsetzung. Was man daraus machen kann, der Anregungsgehalt ist entscheidend. Bedenkensträger, die gleich mit "Das geht nicht, weil ..." zur Stelle sind, sollte man gar nicht erst einladen. Aber einen braucht man. Er ist das Salz in der Suppe und fordert zum Widerspruch heraus.

Schlussbewertung und Formung

Bevor wir den Wald verlassen, ziehen wir ein Resümee: Haben wir schon die optimale Lösung? Sollten wir bald zurückkehren? Welche Alternativen verfolgen wir weiter? Haben wir überhaupt schon das, wonach wir gesucht haben? Die weitere Vorgehensweise ist festzulegen.

In jedem Fall handelt es sich um Rohlinge, die wir bewerten. Das Ausformen oder Umkneten ist wieder in der gewohnten Umgebung vorzunehmen, um die Kompatibilität mit den gegebenen Verhältnissen sicherzustellen. Die Gefahr ist zu sehen, dass man zur Erleichterung der Umsetzung die Ergebnisse aus dem Wald eine Nummer kleiner macht. Dann noch eine Nummer kleiner, so dass unbefangene Beobachter fragen, was eigentlich herausgekommen ist.

Umsetzen ist eine eigene kreative Aufgabe, was viele nicht wissen, siehe die deutsche Umsetzungsschwäche. Umsetzen am besten wieder im Wald.

Wo Ideen entstehen

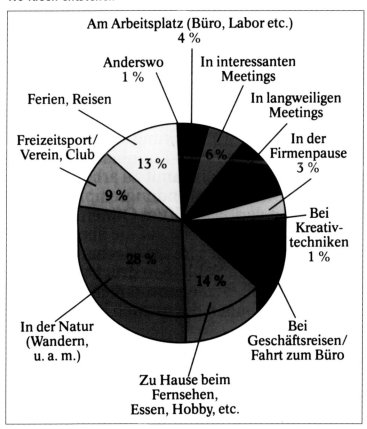

Edouard Monet, Frühstück im Freien

Mit Canapeés und Champagner

Lebensart im Wald, der Reiz der Kontraste

Idee

Laden Sie Ihre Freunde einmal zu einer etwas anderen Wanderung ein. Sommerliches Wetter vorausgesetzt. Warum dem Wald nicht einmal fröhlich-festlich gegenübertreten? Höfische Jagdgesellschaften können ein Vorbild sein, Schäferspiele, die Picknickbilder des 19. Jahrhunderts, wo man sich um Damasttischdecken lagerte.

Ein sportlicher Aspekt darf nicht zu kurz kommen. Eine Stunde wird mit relativ schwerem, auf die Gäste verteiltem Gepäck gewandert bzw. Wagen werden gezogen. Freuden wollen erarbeitet sein. Schwer, weil für das Picknick so unpraktische Dinge wie Porzellan, Silber, Tischdecken, Stoffservietten, Gläser, Bücher mitgenommen werden. Und vor allem viele feine Genüsse im Überfluss. Symbol: Canapeés und Champagner. Nur weg von der praktischen Campingwelt aus Plastik und Aluminium. Dazu erforderlich:

- Sommer und eine romantische Wanderstrecke
- Schöner Platz mit dichtem Baumschirm in der Nähe, falls es regnet
- Alle tragbaren Genüsse
- Ideal, wenn jemand ein Instrument mitbringt.

Erleben

Aufbruch mit Gepäck

Nachdem das Fest bruchsicher auf Rucksäcke verteilt ist, denken wir nicht mehr daran. Wir sind wie Bergsteiger, die alles, was zum Überleben notwendig ist, mit sich führen.

Das Wandern mit Genussgepäck gehört zur Art des Ausflugs. Steigungen sind zu nehmen. Wird nach einer Pause gerufen, nichts essen, nichts trinken, nur Apfelschorle. Weiter geht's. Die ersten geraten ins Grübeln.

Das Fest

Während sich einige am Bach erfrischen, wird das kulinarische Kunstwerk aufgebaut. Ab da läuft Ihre Einladung zu Canapeés und Champagner von selbst. Zusammensein, essen und trinken, zwischendurch die Gegend erkunden. Kommen andere Wanderer vorbei, bitten Sie sie dazu. Spontane Gäste sind etwas Wunderbares. Sie werden ohnehin zu ihren Zielen weiterziehen. Von A nach B wartet. Die nächsten kommen zum Kaffee.

Wenn es möglich ist, versuchen Sie bei der Rückkehr in die Dämmerung zu kommen. Das Stillerwerden ist ein guter Ausklang.

Der Winterstrupp

Wie sehen Laubbäume, Laubgehölze und Büsche im Winter aus? Kahl, nicht zum Hinsehen?

Idee

Im Winter, wenn die grüne Vegetation gegangen ist, erhalten wir in den meisten Monaten keinen weiß-glitzernden Ersatz mehr. Wegen Ozonloch. Gut, dass wir die immergrünen Fichten haben.

Doch sehen Sie nicht weg, wenn Ihnen nach dem bunten Blätterfeuerwerk im Oktober nur noch "Dürre" begegnet, fünf Monate lang. Eine bizarre Formensprache kommt hervor, die im Sommer verdeckt ist. Reichlich struppig sieht das im Winter aus, wenn man mit den tadellos dastehenden Fichten vergleicht. Folgt man den Verästelungen, tut sich eine neue Ästhetik auf.

Dazu erforderlich:
- Größere Ansammlung von Laubbäumen, Laubgehölzen, Buschwerk, entweder zu finden an Waldrändern, Wegrändern, an Wiesen und Feldern oder in Laubholzbeständen
- Reizvoll ist es, Winterlaubbäume und ihre kleineren Ausgaben vor einem offenen Himmel zu betrachten. Grau, weiß, neblig oder dämmrig, horizontaler Blick etwa vor einem freien Feld oder Blick nach oben in die Kronen

Erleben

Das Groteske

Ein Zugang ist, auf besonders struppige Gestalten zu achten. Man denkt an zu Berge stehende Haare, an Clowns oder an einen Ausdruck von Borstigkeit. In der Dämmerung kommt Spukigkeit dazu.

Und das Schöne

Es liegt nahe, die konstruktive Ästhetik der Winterlaubhölzer als Ganzes auf sich wirken zu lassen. Bald wird man unterscheiden und wie durch eine Ausstellung wandeln.

Oder wir machen Augenfahrten. Bei ihnen erlebt man das Wachsen und Verzweigen des Baumes noch einmal mit. Wir richten unsere Augen unten auf den Stamm, umfangen ihn und fahren hoch in eine der großen Abzweigungen, von dort weiter zu den kleineren Ästen bis man ganz außen ankommt. Bei den millimeterfeinen Verästelungen bleiben wir. Wie ein Strahlenkranz umgeben sie die Silhouette. Ganz langsam umfahren wir den Übergang des Baumes in den umgebenden Luftraum.

Schlichtes Gestrüpp, im Sommer eher langweilig, wird zum kunstvollen Geflecht.

Viel zu bieten hat der winterliche Boden. Die spannungsvolle Ästhetik einer Collage kann sich ergeben, wenn Moose, querliegende welke Gräser, Laub, Schiefer oder herumliegende Äste auf sehenswerte Weise zusammenkommen.

Weiße Paläste

Schnee in selten gewordenem Überfluss lässt im Wald funkelnde und glitzernde Palastbauten entstehen. Warten Sie nicht, bis sie wieder getaut sind.

Idee

Unser Vorschlag ist, eine Tour zu den im Wald versteckten Weißen Palästen zu machen.

Das Hinkommen im Schnee erfordert, dass man eine Weile die Füße heben muss. Ob man die Paläste findet, ist wahrscheinlich, aber nicht sicher. Versuchen Sie, von einer der begehbaren Waldstraßen aus abzuzweigen, sobald Sie interessante schneebedeckte räumliche Situationen erkennen, zum Beispiel hineinragende Fichten oder Gewölbe von Laubbäumen über dem Weg. Gehen Sie ein größeres Stück. Es wird schöner, je tiefer Sie in den Wald hineinkommen.

Stellen Sie sich nicht auf Vorbeispazieren, sondern auf Besichtigen ein. Halten Sie es bei einem Weißen Palast nicht anders wie sonst bei den Sehenswürdigkeiten.

Dazu erforderlich:
- Temperaturen zwischen -1 und -7°.
- Starker Schneefall, kein Wind, nach dem Schneefall wenig Sonne bei unteren Kältegraden, bei hohen Kältegraden darf Sonne scheinen, ideale Situation.
- Räumliche Gebilde.
- Vom Ortsrand möglichst weit entfernt.
- Wasserdichte Stiefel mit Profil, Nässeschutzstulpen evtl. Schneeschuhe, Langlaufski, dann zu Fuß weiter.

Erleben

Lassen Sie sich ruhig verzaubern

Halten wir noch einmal fest: Wir suchen nicht eine schöne Winterlandschaft allgemein, sondern Glitzerarchitektur aus schneebedeckten Bäumen. Die dreidimensionale weiße Situation, in die man hineingehen kann, das ist unser Weißer Palast.

Wenn wir ihn nach längerem Stapfen im Schnee gefunden haben, werden wir den Atem anhalten. Die stille Reinheit ist ein Mysterium. Während wir in einen Saal eintreten, in dem man eine Unzahl von Lüstern zu erkennen glaubt, kommt der

Gedanke: Hier möchten wir für immer bleiben.

Gleichzeitig hält uns etwas zurück. Wir erinnern uns an allzu bekannte Kalenderblätter, Weihnachtspostkarten, Filme mit Pferdeschlitten, Märchenillustrationen, Kaufhausdekorationen. Macht das etwas? Angesichts des Originals verblassen die Assoziationen.

Während wir den Palast erkunden, sehen wir in der Ferne noch einen zweiten und einen dritten. In bestimmten Zonen des verschneiten Waldes findet man eine ganze Palästestadt.

Kristalle pusten

Ein Weißer Palast bietet viele Einzelheiten. Es macht Spaß herumzugehen und sie zu entdecken. Nehmen wir etwas so Einfaches, wie die Schneedecke. Auf dem Weg und in der offenen Landschaft ist sie nichts Besonderes. In der räumlichen Situation eines Weißen Palastes wird sie zum luxuriösen Teppich. Soviel Flor ist da, dass man tatsächlich versinkt.

Die Äste von Laubbäumen und Kleingehölzen mit den dekorativen Schneezentimetern darauf, lassen an Gestaltungsformen des Rokoko denken.

Pusten wir ein wenig Schnee in die Luft.

Foto: Astrid Filzek-Schwab

84

Literatur

Auswertungs- und Informationsdienst für Ernährung, Landwirtschaft und Forsten (aid) e.V. (1997). Waldwege - ein eigener Lebensraum. Bonn.

Abele, Andrea, Becker, Peter (Hrsg.) (1994). Wohlbefinden. Weinheim und München.

Beer, Ulrich, Erl, Willi (1972). Entfaltung der Kreativität. Tübingen.

Bellebaum, Alfred (Hrsg.) (1992). Glück und Zufriedenheit. Opladen.

Bemmann, Klaus (1990). Der Glaube der Ahnen. Essen.

Bös, Klaus (1995). Schlank, fit & gesund durch Walking. München.

Cotterell, Arthur (deutschsprachiger Text 1999). Die Enzyklopädie der Mythologie. Reichelsheim.

Davis, Roy Eugene. Meditation als Lebenshilfe. München.

Döbler, Hansferdinand (2000). Die Germanen. München.

DIE WELT (in HelfRecht-Planer 1998). Wo Ideen entstehen. Hamburg.

Elsner, Hildegard (2000). Die Germanen. Nürnberg.

Graichen, Gisela (1990). Das Kultplatzbuch. Augsburg.

Grazia de, Sebastian (1972). Der Begriff der Muße (in Soziologie der Freizeit, Hrsg. Erwin K. Scheuch, Rolf Meyersohn). Köln.

Grimm, Jacob und Wilhelm (Jubiläumsausgabe, hrsg. von Niemann, Robert 1907). Kinder- und Hausmärchen, gesammelt durch die Brüder Grimm. I, II, III. Leipzig.

Hellpach, Willy (1950, 1977). Geopsyche. Stuttgart.

Henseler, Berthold (1990). Walking - Freude am Gehen. München.

Hilf, Richard B. (1938). Der Wald in Geschichte und Gegenwart. Potsdam.

Hochsauerlandkreis (Hrsg.) (1999). Jahrbuch Hochsauerlandkreis. Brilon.

Hochsauerlandkreis (Hrsg.) (1996). Der Hochsauerlandkreis. Arnsberg.

Hoffmann, Heinz (1981). Kreativitätstechniken für Manager. München.

Jenz, Gunter (1993). Die klassische Heilmassage. Heidelberg.

Jung, Carl G. (hrsg. von Jung-Merker, Rüf, Elisabeth 1995). Die Archetypen und das kollektive Unbewusste. Solothurn und Düsseldorf.

Kaminski, Gerhard (Hrsg.) (1986). Ordnung und Variabilität. Göttingen.

Kakuska, Rainer (1995). Meditation - kurz & praktisch. Freiburg.

Keidel, C. G. / Windolf R. (1980). Wolkenbilder-Wettervorhersage. München.

Keller, Erich (1991). Duft und Gemüt. Münsingen-Bern.

Kruse, Lenelis, Graumann, Carl-Friedrich, Lautermann, Ernst-Dieter (Hrsg.) (1990). Ökologische Psychologie. München.

Landau, Erika (1969). Psychologie der Kreativität. München/Basel.

Laudert, Doris (2000). Mythos Baum. München.

Lehmann, Albrecht (1999). Von Menschen und Bäumen. Hamburg.

Lodes, Hiltrud (1977, 2000). Atme richtig. München.

Lüdeling, Ingeborg M. (1997). Steine, Bäume, Menschenträume. Freiburg.

Luhmann, Heinrich (Hrsg.) (1960). Das Sauerland. Essen.

Lutz, Rainer (Hrsg.) (1983). Genuß und Genießen. Weinheim und Basel.

Maschwitz, Gerda und Rüdiger (1996). Aus der Mitte malen - Heilsame Mandalas. München.

Meyer, R. M. (Reprint von 1909). Altgermanische Religionsgeschichte. Essen.

Pries, Christine (Hrsg.) (1989). Das Erhabene. Weinheim.

Röhrig, Fritz (1933). Das Weidwerk. Potsdam.

Roth, Günter D. (1977). Wetterkunde für alle. München.

Sauermann, Dietmar (Hrsg.) (1990). Gute Aussicht. Damals bei uns im Sauerland. Rheda-Wiedenbrück.

Schlicksupp, Helmut (1976). Kreative Ideenfindung in der Unternehmung. Berlin.

Schlinkert, Alex (1987). Die Holzverkohlung im Sauerland. Fredeburg.

Schmidt-Vogt (1986). Die Fichte. Bd. II/1. Hamburg.

Schober, Reinhard (1988). Faulenzerurlaub in Bayern (unveröffentlichte Auftragsstudie).

Schober, Reinhard (1992). Besser konzentrieren. München.

Schober, Reinhard (1995). Kreative Wege zum besseren Angebot. München.

Schultz, Joachim, Köpf, Gerhard (1984). Das Insel-Buch der Faulheit. Frankfurt.

Schwenk, Theodor (1962, 1997). Das sensible Chaos. Stuttgart.

Selter, Bernward (1995). Waldnutzung und ländliche Gesellschaft. Landwirtschaftlicher "Nährwald" und neue Holzökonomie im Sauerland des 18. und 19. Jahrhunderts. Paderborn.

Sikora, Joachim (1976). Handbuch der Kreativ-Methoden. Heidelberg.

Simek, Rudolf (1984). Lexikon der germanischen Mythologie. Stuttgart.

Strassmann, René A. (1994). Baumheilkunde. Aarau/Schweiz.

Struss, Dieter (1986). Deutsche Romantik. München, Gütersloh.

Thich, Nhat Hanh (1975, 1995). Das Wunder der Achtsamkeit. Boston, Zürich.

Tschimmel, Udo, Taphorn, Herbert (1994). Power Walking. München.

Uther, Hans-Jörg (1990). Märchen in unserer Zeit. München.

Valnet, Jean (deutschsprachig 1986). Aroma-Therapie.

Weitere empfehlenswerte Regionalliteratur des Podszun-Verlags (eine Auswahl):

Ackermann, Friedhelm / Reißland, Ingrid
■ Kunstlandschaft Hochsauerland – Führer zu kunst- und kulturhistorisch interessanten Stätten

Becker, Peter
■ Leute und Pferde im Kreis Brilon

Bruns, Dr. Alfred
■ Das Briloner Schnadebuch
■ Tagebuch der truchsessischen Wirren im Herzogtum Westfalen
■ Der Historische Verein zu Arnsberg
■ Sauerländische Kalkindustrie Messinghausen 1896-1996

Capelle, Prof. Dr. Torsten
■ Bilder zur Ur- und Frühgeschichte des Sauerlandes

Fischer, Ferdinand G. B.
■ Dröppelbier und Wassereis – Kindheit in Westfalen

Gedaschke, Volker / Hülsbusch, Heinrich
■ Kult & Touren Brilon
■ Von der Klosterschule „Ambrosio Antoniani" zum Gymnasium „Petrinum"

Hagemann, Ludwig / Schröder, Josef
■ Marsberg – Erinnerungen an frühere Zeiten, Band 1

Hennecke, Georg; Brüschke, Rudolf; Koerdt, Heinz
■ Hochsauerland – Bildband über Land & Leute, Städte & Dörfer, Natur & Architektur, Arbeit & Freizeit, Feste & Brauchtum

Hochsauerlandkreis (Hrsg.)
■ Jahrbuch Hochsauerlandkreis (erscheint jährlich neu)

Kuhne, Msgr. Dr. Wilhelm
■ Herbstblätter – Referate, Vorträge und Predigten 1997-1999

Michels, Bärbel
■ Weihnachten im Sauerland in früherer Zeit

Rosenberg, Dr. Bernd
■ Das Kainsmal – Historischer Roman um Erzbischof Engelbert

Schrewe, Franz
■ Säu kuiert me bey us – Wörterbuch für die plattdeutsche Sprache Scharfenberg im Hochsauerland